Dr. Guido Hoyer

Konrad Försch - ein vergessener Würzburger Kommunist

Dr. Guido Hoyer

Konrad Försch - ein vergessener Würzburger Kommunist

ISBN/EAN: 9783956979873

Auflage: 1

Erscheinungsjahr: 2015

Erscheinungsort: Treuchtlingen, Deutschland

© Literaricon Verlag Inhaber Roswitha Werdin. www.literaricon.de.

Dr. Guido Hoyer

Konrad Försch –
ein vergessener Würzburger Kommunist

Biographie

Vorwort

Ich möchte dieses Buch meinen Kindern und Enkeln widmen, da sie über meinen Großvater etwas erfahren und auch in Erinnerung behalten sollen. Der Gedanke an ein Buch über meinen Großvater ist nicht neu, aber ich hatte bisher hierfür nicht die richtigen Mitstreiter gefunden.

Eines Tages durfte ich Annett Schönherr, die Tochter der Schwester von Konrads zweiter Frau Adele, kennenlernen. Nach zahlreichen Gesprächen wurde mir sehr schnell klar, dass wir dieses Anliegen unbedingt in die Tat umsetzen mussten.

Leider sind fünfzig Jahre nach dem Tod meines Großvaters nicht mehr viele Unterlagen in unserem Besitz gewesen. Deshalb suchten wir einen Fachmann auf diesem Gebiet und fanden ihn auch glücklicherweise: Es handelt sich um den Autor Dr. Guido Hoyer.

Dr. Hoyer nun hat auf der Suche nach verloren gegangenen Unterlagen zahlreiche Organisationen und Behörden angeschrieben, und auch die gesamte Familie von Konrads zweiter Ehefrau Adele machte sich ebenfalls auf die Suche und fand noch zusätzlich einige Zeitzeugnisse.

Als Jugendlicher war es für mich nicht einfach, die Vergangenheit meines Großvaters zu akzeptieren bzw. für ihn Partei zu ergreifen. Das Würzburg der Nachkriegszeit ist sehr konservativ gewesen und wollte mit gewissen Personen nichts zu tun haben. Andererseits sind viele Menschen in der Stadt auf mich zugekommen und haben mir zu meinem Großvater und dessen humanitärer Hilfe gratuliert. Es war ja bekannt, dass Konrad sich um den Wiederaufbau der Stadt Würzburg verdient gemacht hat. Auch in der täglichen Herausforderung bei der Besorgung von Wohnungen sind Wohnungssuchende zu meinem Großvater gekommen und haben ihn um Hilfe gebeten.

Als Jugendlicher verstand ich dies nicht, aber später erfuhr ich, dass mein Großvater über die Stadt einen entsprechenden Einfluss hatte. Mitarbeiter von Konrads Spedition haben bei jedem Treffen von meinem Großvater geschwärmt, und auch von einigen Stadträten hörte ich, dass er ein großer Menschenfreund gewesen sei. Doch leider hat die Stadt Würzburg einen ihrer größten Diener vergessen.

Es hat mich immer fasziniert, mit welcher Disziplin mein Großvater den Verlockungen des Kapitals widerstanden hat. An seinem Verhalten könnten sich heute sogenannte Linke ein Beispiel nehmen. So gab es beispielsweise mehrere Möglichkeiten zum Erwerb eines Hauses oder von Grundstücken, wobei auch lebhafte Diskussionen zwischen meinem Großvater und meinem Vater stattfanden. Doch Opa lehnte sämtlichen Erwerb von „Luxus" ab.

Leider ist mein Großvater von bitteren Erfahrungen mit den Nationalsozialisten betroffen gewesen, aber niemals verbitterte er. Im Gegenteil – nach dem Krieg sprach er in vielen Reden von den Chancen einer friedlichen Revolution. Auch wenn ich als Jugendlicher nicht alles verstanden habe, so kann ich doch bestätigen, dass mein Großvater nicht für den Bau der Mauer gewesen ist. Eigentlich wollte er einen Zusammenschluss von DKP und SPD erreichen.

Ich möchte noch eine prägende Erinnerung niederschreiben. In meinem Elternhaus wurde ich katholisch geprägt und hatte auch einen in Würzburg bekannten Religionslehrer, Herrn Schober. Herr Schober hat den Kindern im Unterricht gern von einem Mann erzählt, den er in seiner Zeit als Gefängnispfarrer in der JVA Würzburg betreut hatte. Obwohl dieser politisch überhaupt nicht mit ihm übereingestimmt habe, hätten ihn jedoch die Gespräche mit ihm für seine gesamte weitere Laufbahn geprägt. Der Gefängnisinsasse sei ein großer Humanist und Linker und der Großvater von Hermann Försch gewesen. Meine Mitschüler haben mich immer wieder nach den Erfahrungen mit meinem Großvater gefragt.

Bei Konrads Tod fragte ich meinen Vater, ob unser Opa ein Staatsmann gewesen sei, denn ich erinnere mich, dass vor dem Hauptfriedhof eine große Zahl schwarzer Autos mit Chauffeuren stand. Ich habe dann später erfahren, dass Willi Stoph, der spätere Staatsratsvorsitzende der DDR, ebenfalls mit einer Abordnung an der Beerdigung teilgenommen hat.

Leider haben sowohl die Linke als auch die Stadt Würzburg meinen Großvater vergessen. Es gibt kein Ehrengrab, keine Widmung und keine sonstige Ehrung. Ich möchte jetzt mit meinen Angehörigen versuchen, mit diesem kleinen Buch diesem tollen Großvater eine späte Ehre zukommen zu lassen.

Ich bedanke mich bei allen Helfern und natürlich ganz besonders bei Dr. Hoyer, da es sonst dieses Buch nicht gegeben hätte.

Hermann Friedrich Försch
Enkel von Konrad Försch

Einleitung

Unter der Überschrift *„Konrad Försch gestorben"* berichtete die Main-Post am 25. Juli 1964: *„Er war weit über die Grenzen unserer Stadt hinaus bekannt. Wegen seiner schon in jungen Jahren ausgeübten politischen Tätigkeit und seiner Bemühungen um soziale Gerechtigkeit mußte Konrad Försch während des Dritten Reiches zwölf Jahre im Konzentrationslager verbringen. Nach dem Zusammenbruch im Jahre 1945 war er in Würzburg tatkräftig am Wiederaufbau beteiligt. Vielen Menschen hat er in jener Zeit Hilfe und Unterstützung gewährt."*[1]

Der Mann, dem die örtliche Tageszeitung einen derart lobenden Nachruf widmete, ist in Würzburg heute vergessen. Eine Handvoll Publikationen nennt ihn; einmal findet sich ein Bild, das ihn im Kreise seiner Kollegen des Stadtbeirats zeigt, zweimal wird er als Leiter eines Leichenbergungskommandos gewürdigt, wobei eine Veröffentlichung aus dem Jahr 1975 immerhin einen persönlichen Bericht von ihm wiedergibt. Ein Buch über die Entnazifizierung erwähnt ihn in einer Fußnote.[2] Andere Quellen wieder, darunter ein Standardwerk über die NS-Zeit in Würzburg, übergehen Konrad Försch völlig.[3]

---

[1] Main-Post, 25.07.1964

[2] Dieter W. Rockenmaier: Das Dritte Reich und Würzburg – Versuch einer Bestandsaufnahme, Mainpresse Richter, Würzburg, 1983; Dr. Robert Meier: Zwischen Zerstörung und Wiederaufbau - Eindrücke aus Würzburg 1945, Stadtarchiv Würzburg, 2005 (Kleine Reihe Nr. 28); Hans Oppelt: Würzburger Chronik des denkwürdigen Jahres 1945, Ferdinand Schönigh, Würzburg, 1975; Lutz Niethammer: Die Mitläuferfabrik – Die Entnazifizierung am Beispiel Bayerns, Verlag J. H. W. Dietz Nachf., Berlin, Bonn, 1982

[3] Peter Weidisch: Die Machtergreifung in Würzburg 1933, Ferdinand Schönigh, Würzburg, 1990; Helmut Mehringer: Die KPD in Bayern 1919-1945 – Vorgeschichte, Verfolgung und Widerstand, in: Martin Broszat, Helmut Mehringer (Hrsg.): Bayern in der NS-Zeit V – Die

Allen genannten Erwähnungen (mit Ausnahme der Fußnote) ist gemeinsam, dass die Parteizugehörigkeit von Försch verschwiegen wird. Als die Main-Post ihren Nachruf schrieb, war die Partei, der Konrad Försch 36 Jahre als aktives Mitglied angehört hatte, seit acht Jahren verboten. Es war die Kommunistische Partei Deutschlands.

Ein um Würzburg verdienter Kommunist; ein Kommunist, der seinen Mitmenschen half und für soziale Gerechtigkeit stritt. Einer, der vor und nach 1933 gegen die Nazis Widerstand leistete, eingesperrt und gefoltert wurde, ein Antifaschist. Ein Antifaschist, der nach der Befreiung 1945 am demokratischen Wiederaufbau unseres Landes mitwirkte. Ein Mensch, der nicht vergessen werden soll.

Dankbar nahm der Verfasser daher die Anregung von Hermann Försch, dem Enkel von Konrad Försch, und anderen Familienmitgliedern auf, eine Biographie zu schreiben.

Dieses Vorhaben ist jedoch nicht einfach; wenn auch Hermann Försch bereits viel Material aus Archiven und Standesämtern zusammengetragen hatte, der Verfasser weitere Quellen erschloss, so bleibt doch die Quellenlage für manche Lebensabschnitte von Konrad Försch schwierig, nicht zuletzt weil mit der Stadt Würzburg beim Bombenangriff vom 16. März 1945 auch deren Archive verbrannten. Für die Zeit vor 1933 muss daher weitgehend auf die Parteipresse zurückgegriffen werden, wohl wissend, dass deren Berichte oftmals tendenziell verzerrt sind. Für die NS-Zeit bleiben die fragmentarisch erhaltenen Prozessunterlagen, für die Zeit nach 1945 neben einigen Berichten der US-Militärregierung (OMGUS) die örtliche Tageszeitung Main-Post, deren Berichte über die KPD allerdings im Zuge der

---

Parteien KPD, SPD, BVP in Verfolgung und Widerstand, Oldenbourg, München, Wien, 1983, S. 225

Isolierung der Partei im Kalten Krieg aussetzen, dann die KPD-eigene Presse, während für die letzten Lebensjahre keine Quellen mehr, auch nicht in ostdeutschen Archiven, lediglich Berichte der Angehörigen vorliegen.

So können die folgenden Seiten nicht mehr als ein Versuch sein, ein politisches Leben zu rekonstruieren, ein Leben für soziale Gerechtigkeit.

I.   Familie, Jugend, politische Anfänge (1893-1929)

1.   Das Elternhaus

Am 24. März 1893 wurde den Eheleuten Johann und Ottilie Försch in Thüngersheim ein Sohn geboren, der einen Tag später auf die Namen *„Michael Conrad"* katholisch getauft wurde. Konrad, mit K, wie er später allgemein genannt wurde, war das sechste Kind seiner Mutter, das vierte Kind seines Vaters.[4] Die Förschs gehörten zu den Armen in dem bekannten Weinbauort, denn Johann Försch erscheint in den Quellen als „Gütler" bzw. „Taglöhner", d. h. er war landwirtschaftlicher Arbeiter, der nur bei Bedarf, z. B. zur Erntezeit, Arbeit erhielt und dazu noch ein „Gütl", eine kleine, zum Lebensunterhalt nicht ausreichende Landwirtschaft betrieb.[5]

Dem am 05. Juni 1850 in Halsheim bei Binsfeld geborenen Johann Försch hätte die Armut nicht in die Wiege gelegt sein müssen, denn er war der Sohn einer Müllerstochter und Müller waren gemeinhin relativ wohlhabend. Aber er war ein unehelicher Sohn, was in der damaligen, von christlichen Moralvorstellungen geprägten Zeit nicht nur als große Schande galt, sondern auch Benachteiligungen, z. B. beim Erbrecht, nach sich zog. Anna <u>Barbara</u> Försch, Johanns Mutter und Konrads Großmutter, geboren am 29. Februar 1829 in Heugrumbach, scheint Johanns Vater nie angegeben zu haben, der Name findet sich nirgends in Akten. Johann Dusel, mit dem Barbara 1854 eine Familie gründete, legitimierte Johann nicht, war also wohl nicht der Vater. Barbara

---

[4] Taufmatrikel, Pfarrei Erzengel Michael, Thüngersheim; der zweite Vorname mag mit dem Patrozinium der Pfarrei zusammenhängen.
[5] Taufmatrikel, Pfarrei Erzengel Michael, Thüngersheim, Meldebogen Johann Försch, StadtAW

starb am 11. August 1884. Ihre Vorfahren hatten mindestens drei Generationen lang das Müllerhandwerk betrieben.[6]

Johann Försch und seine große Familie zogen 1897 nach Würzburg. Es ist zu vermuten, dass dies, dem allgemeinen Trend der Zeit folgend, um der besseren Verdienstmöglichkeiten in der Stadt willen geschah. Die Bevölkerung Würzburgs wuchs in den Jahren zwischen 1890 und 1900 um jährlich etwa 10 %. Die meisten der Zugezogenen stammten aus der ländlichen Umgebung der Stadt. Die Wirtschaftsstruktur der Stadt war von kleineren Betrieben geprägt; *„neben seiner Bedeutung für Weinanbau und -verarbeitung sowie als zentraler landwirtschaftlicher Umschlagplatz besaß Würzburg eine bunt gemischte Industrie, in der Mittel- und Kleinbetriebe überwogen – Lebensmittelverarbeitung, Brauereien, kleinere Metall- und Maschinenbaubetriebe, Druckereien, Möbel-, Ziegel-, Faß-, Lack- und Glacélederfabriken.“*[7] Johann Försch fand eine Anstellung als Arbeiter bei der Stadt Würzburg.[8]

Als Johann Ottilie am 7. Februar 1885 geheiratet hatte, dürfte Ottilie (geb. 14. Januar 1857) bereits verwitwet gewesen sein, denn sie brachte die Zwillingstöchter Dorothea und Margarethe Vornberger (geb. 16. Juli 1883) in die Ehe mit.[9] Dann wurde dem Ehepaar die Tochter Anna geboren (4. Ap-

---

[6] Genealogische Aufzeichnungen der Familie Försch, freundlich überlassen von Hermann Försch (Enkel von Konrad Försch)

[7] Mehringer, a. a. O., S. 225. Vgl. auch Klaus Schönhoven: Arbeiterschaft, Gewerkschaften und Sozialdemokratie in Würzburg 1848-1914, in: Hans Werner Loew, Klaus Schönhoven (Hrsg:) Würzburger Sozialdemokraten 1868-1978, Würzburg, 1978, S. 20 f.

[8] Eidesstattliche Erklärung Konrad Försch, 13.09.1949, BayHStA LEA 11627

[9] Meldebogen Johann Försch, StadtAW. Es sei bereits an dieser Stelle darauf hingewiesen, dass die Meldeunterlagen der Stadt Würzburg zum Großteil beim Bombenangriff vom 16.03.1945 vernichtet wurden, somit nur fragmentarische Angaben gemacht werden können.

ril 1888), es folgte der Sohn Philipp (28. Dezember 1889), möglicherweise ein 1897 bereits wieder verstorbenes Kind[10], dann Konrad und seine jüngeren Geschwister Richard Adam (8. Juni 1895), Karoline Ottilie (26. November 1897) und Maria (4. März 1900), die bereits mit drei Jahren am 23. April1903 starb.[11]

Wie aus einem Arztgutachten 1956 hervorgeht, lebte damals von Konrads Geschwistern nur noch Anna.[12] Philipp war ca. 1953 an einem Schlaganfall gestorben, Karoline ca. 1951 an Unterleibskrebs. Der Vater war in dem damals sehr hohen Alter von 87 Jahren etwa 1937 verstorben.[13]

Vieles spricht dafür, dass die Familie, wie die meisten Arbeiterfamilien, weiterhin in Armut lebte; sie zog oft um: Auf den beiden Meldebögen, von 1897 bis etwa 1920 reichend, sind 17 verschiedene Wohnadressen vermerkt. Auch erhielt die Familie 1913, 1914, 1915 und 1919 Finanzbeihilfen aus wohltätigen Stiftungen.[14] Armut war in dieser Zeit die Regel in Würzburger Arbeiterfamilien; Berechnungen aus dem Jahr 1912 zeigen, dass der Verdienst eines durchschnittlich verdienenden Arbeiters nicht zu Deckung der Lebenshaltungskosten reichte: *„Eine vierköpfige Familie konnte also*

---

[10] In der Taufmatrikel wird Konrad als sechstes Kind seiner Mutter bezeichnet, im Meldebogen seines Vaters in Würzburg erscheint er an fünfter Stelle. Der Widerspruch löst sich, wenn ein Kind 1897 verstorben gewesen und somit nicht mehr im Meldebogen eingetragen war. Dieses Kind könnte entweder vor Anna oder zwischen Philipp und Konrad geboren worden sein.

[11] Meldebogen Johann Försch, StadtAW

[12] Anna Diehm, geb. Försch, verstarb am 15. April 1957 in Frankfurt am Main, Als Todesursache wird angegeben: „Kreislaufversagen, Narbenbruch". Sterbeurkunde Anna Diehm, Institut für Stadtgeschichte Frankfurt am Main

[13] Medizinische Poliklinik der Universität Würzburg, Dr. W. Börner: Fachärztliches Gutachten über Konrad Försch, 20.01.1956, BayHStA LEA 11627

[14] Meldebogen Johann Försch, StadtAW

*nur dann ihren Lebensunterhalt einigermaßen bestreiten,
wenn ihr Haushaltsbudget durch Nebenverdienste des Fami-
lienvaters, durch Zusatzverdienste von Frau und Kindern
oder durch die Untervermietung der ohnehin oft sehr be-
schränkten Wohnfläche aufgebessert wurde.*"[15]

Dennoch gelang es, den Sohn Konrad eine Ausbildung machen zu lassen: er erlernte das Bäckerhandwerk und bestand
die Gesellenprüfung. Im August 1908, also 15 Jahre alt, zog
er, vermutlich auf der Suche nach Arbeit, nach Höchst am
Main, heute ein Stadtteil von Frankfurt.[16]

Er dürfte dort bei Bäckermeister August Jost in der Rossert-
straße (ab 1928 umbenannt in Leunastraße) seine Bäckerleh-
re gemacht haben.[17] Vermutlich wohnte er bei Bäckermeister Jost oder bei seiner Schwester Anna, die am 31.10.1908
den Schuster Vinzens Diehm heiratete, der sein Geschäft
zunächst in der Hauptstraße, dann in der Neugasse, zuletzt
in der Hilligengasse hatte, wo das Ehepaar mit dem Sohn
Karl (geb. 1926) auch wohnte.[18] Ebenfalls nach Höchst
übergesiedelt war Konrad Förschs älterer Bruder Philipp. Er
war wie sein Schwager Vinzens Diehm Schuhmachermeister
mit Werkstatt in der Emmerich-Josef-Straße.[19]

---

[15] Schönhoven, a. a. O., S. 22
[16] Meldebogen Johann Försch, StadtAW, Medizinische Poliklinik der
Universität Würzburg, Dr. W. Börner: Fachärztliches Gutachten über
Konrad Försch, 20.01.1956, BayHStA LEA 11627
[17] Schreiben Michael Moskalenko, Institut für Stadtgeschichte Frankfurt
am Main, an den Verfasser, 10.12.2013
[18] Heiratsurkunde Vinzens und Anna Diehm, Firmenverzeichnis 1920,
Wohnungsbuch 1927, Adressbuch 1929, Hausstandsbuch Hilligengasse 1, Institut für Stadtgeschichte Frankfurt am Main.
[19] Philipp Försch hatte am 18.05.1920 in Hamburg die gebürtige Lüne-
burgerin Augusta Eggers (* 18.07.1891) geheiratet. Die Eheleute
hatten einen Sohn Philipp Hermann (1922-1963) der als Handelsver-
treter für Fahr- und Motorräder tätig war. Hausstandsbuch Emmerich-
Josef-Straße 31, Adressbuch 1933, Hausstandsbuch Emmerich-Josef-
Straße 25, Gewerbekartei, Sterbeurkunde Philipp Hermann Försch,

Am 25. Juni 1910 meldete sich Konrad Försch in Hamburg polizeilich an, wo er bis 1915 an elf verschiedenen Adressen gemeldet blieb.[20]

2. Krieg und Revolution

Im Jahr 1908, ob noch in Würzburg oder in Höchst ist unbekannt, trat Konrad Försch der Gewerkschaft, dem Zentralverband der Bäcker und Konditoren, und der sozialdemokratischen Jugendorganisation bei, später dann auch der Sozialdemokratischen Partei.[21] Eine Entscheidung, die sein weiteres Leben prägen sollte. 56 Jahre seines Lebens blieb Försch in der Arbeiterbewegung organisiert.

SPD: Das war die Partei, die von August Bebel, dem Freund und Schüler von Karl Marx und Friedrich Engels geführt wurde, die Partei, in der Rosa Luxemburg wirkte, die Partei, die für eine Gesellschaft ohne Ausbeutung kämpfte. August Bebel vertrat bis zu seinem Tod 1913 Hamburg im Reichstag, gut möglich also, dass der jugendliche Konrad Försch August Bebel persönlich erlebt hat, z. B. bei dessen Reden.

Die Zeit, in der Konrad politisch aktiv wurde, war geprägt von wachsenden Spannungen zwischen den Eliten der europäischen Staaten, deren Konkurrenz um Märkte und Einflusszonen immer deutlicher auf Krieg zusteuerte. Als der Weltkrieg dann im Sommer 1914 entfesselt wurde, war es der Sozialdemokratie nicht nur nicht gelungen, den Krieg zu verhindern, obwohl sie ihre Anhänger darauf eingeschworen hatte, zudem verriet die SPD-Reichstagsfraktion mit der Zustimmung zu den Kriegskrediten ihre Grundsätze.

Institut für Stadtgeschichte Frankfurt am Main.
[20] Meldebogen Konrad Försch, Staatsarchiv Hamburg
[21] Konrad Försch, Lebenslauf, 22.05.1946, BayHStA, MSo 3000

Konrad Försch

Sonderbeauftragter des Ministers Schmitt
für Sonderaufgaben
Unterfranken

Würzburg Erthalstraße 28
Telefon 6035

Würzburg den 22.Mai 1946

Mein Lebenslauf

Am 24.3.1893 wurde ich als Sohn der Arbeitereheleute Johann und
Ottilie Försch in Thüngersheim geboren, besuchte später die Volks-
schule und erlernte später das Bäckerhandwerk.
Mit 15 Jahren kam ich zu den Jungsozialisten und der freien Ge -
werkschaft und später zur Sozial-Demokratischen Partei.
Im ersten Weltkrieg bin ich 1916 zur U.S.D.P. übergetreten und
1920 nach dem Halle'schen Parteitag zur K.P.D.- Seit dieser Zeit
bin ich ununterbrochen Funktionär der KPD.
Im Jahre 1933 wurde ich verhaftet, nach ganz kurzer Entlassung
wieder geholt und zu 3 Jahren Zuchthaus wegen Vorbereitung zum
Hochverrat verurteilt.
Nach dieser Strafe kam ich nach Dachau und anschliessend nach
Buchenwalde wo ich am 16.5.45 entlassen wurde.

gez.Försch

Würzburg, Erthalstr.28

Försch Konrad

Abb. 1 – Lebenslauf Konrad Försch

Die Folge war 1916/1917 die Spaltung der Partei. Auch Konrad Försch gehörte zur kriegsgegnerischen Parteiminderheit, die sich als Unabhängige Sozialdemokratische Partei, USPD, formierte.[22]

Deutschlands Männer wurden an die Front geschickt, Konrad Försch am 4. August 1914. Aufgrund seiner Ausbildung wurde er nicht Kampfeinheiten zugeteilt, sondern einer Reservebäckereikolonne. Wie Millionen seiner Kameraden überstand er den Krieg nicht unbeschadet: 1915 wurde er durch Splitter im Gesicht verletzt, was Kiefer- und Stirnhöhleneiterungen zu Folge hatte. Zwei Operationen der Kiefernhöhlen waren erfolglos, zeitlebens litt Konrad Försch an chronischen Stirn- und Kiefernhöhleneiterungen. Eine kleine Invalidenrente war der sogenannte „Dank des Vaterlandes" für den Verwundeten, der zunächst im Lazarett Ulm, dann zwei Jahre im Lazarett Schleswig behandelt wurde.[23] Die Genesungszeit in Schleswig dürfte Konrad Försch auch für politische Orientierung genutzt haben, denn in diese Zeit fällt sein Wechsel von der SPD zur USPD.

Am 29. Januar 1918 legte Försch in Flensburg die Meisterprüfung im Bäckerhandwerk ab[24], wurde Ende Mai 1918 aus dem Wehrdienst entlassen und erhielt Arbeit in der Rüstungsindustrie bei Fichtel & Sachs in Schweinfurt. Im November 1918 erlebte er dort, wie die November-Revolution das Regime des Kaisers hinwegfegte, gehörte vielleicht als namenloses USPD-Mitglied zu den Arbeitern, die für ein neues, demokratisches und sozialistisches Deutschland auf die Straße gingen.

---

[22] a. a. O.

[23] Medizinische Poliklinik der Universität Würzburg, Dr. W. Börner: Fachärztliches Gutachten über Konrad Försch, 20.01.1956, BayHStA LEA 11627

[24] Meisterprüfungszeugnis Konrad Försch, Abschrift 11.07.1944, BayHStA LEA 11627

Handwerkskammer zu Flensburg

Gauwirtschaftskammer
Schleswig-Holstein
Abt. Handwerk
Nebenstelle Flensburg

Meister=Prüfungs=Zeugnis

Michael Konrad F ö r s c h

geboren am ___24. März 1893___ zu ___Thüngersheim___

hat heute vor dem unterzeichneten Prüfungs=Ausschuß die

Meister=Prüfung

im ___B ä c k e r___ =Handwerk

mit ___" genügend "___ bestanden

Flensburg, den __29. Januar__ 19 18

Der Meister=Prüfungs=Ausschuß

für das ___B ä c k e r -___ =Handwerk zu Flensburg

gez.C. Jörgensen

gez. M. A. D u e r

gez. C. Henningsen

Vorsitzender

Die Richtigkeit der vorstehen-
den Abschrift wird beglaubigt.
Flensburg, den 11.7.1944.

gez.Th. Jedicke

Beisitzer

J. Robinson

J. B. 3000 5. 38

Abb. 2 – Meisterprüfungszeugnis Konrad Försch

Unter denen, die noch im letzten Kriegsjahr als Kanonenfutter für die Interessen der Herrschenden verheizt worden waren, war Konrads Bruder Richard: Als Todesursache wird Giftgas angegeben.[25]

3. Ein Arbeiterleben in Krisenzeiten

Mit dem Ende des Krieges wurde die Rüstungsproduktion bei Fichtel & Sachs eingestellt, Konrad Försch wurde arbeitslos. Im Dezember 1918 kehrte er nach zehnjähriger Abwesenheit nach Würzburg zurück. Am 1. Februar 1919 heiratete er Maria Spiegel und gründete mit ihr eine Familie.[26] Am 28. August 1919 wurde der Sohn Richard geboren, am 26. Februar 1922 folgte Max, am 24.6.1926 Hermann, 1929 die Tochter Eleonore.[27]

Ende Februar 1919 zog die junge Familie in die Brombachergasse 25 im Norden der Würzburger Altstadt. Hausbesitzerin und Vermieterin der Förschs war Lauretta Richter, „Marktgeldeinnehmerswitwe", wie sie sich selbst im Adressbuch bezeichnete.[28]

Unter der Adresse war seit 1914 Marias Vater Michael Spiegel gemeldet. Spiegel, am 9. März 1852 geboren, war Zimmermann bzw. Zimmerpolier und scheint bis ins hohe Alter gearbeitet zu haben. Erst 1926 als „Rentner" im Adressbuch eingetragen, starb er am 29. November 1929 im Alter von

---

[25] Medizinische Poliklinik der Universität Würzburg, Dr. W. Börner: Fachärztliches Gutachten über Konrad Försch, 20.01.1956, BayHStA LEA 11627

[26] Heiratsurkunde Konrad und Maria Försch, Abschrift 02.11.1949, BayHStA LEA 11627

[27] Grundliste Oberthürstr. 7, StadtAW

[28] Grundliste Oberthürstr. 7, StadtAW, Würzburger Wohnungsbuch 1920, S. 176, 324

77 Jahren. Bis zu seinem Tod hatte er bei der Familie seiner Tochter gelebt.[29]

Abb. 3 – Brombachergasse 25, Würzburg

---

[29] Grundlisten Oberthürstr. 7; Brombachergasse 25, StadtAW, Würzburger Wohnungsbuch 1920, S. 217, 324, 1922, S. 251, 1926, S. 70

Michael Spiegel hatte neben Maria Försch, seiner jüngsten Tochter, neun weitere Kinder. Anna Spiegel, verwitwete Scheidacker, seine zweite Frau, war 1853 geboren worden und starb 1909. Sie hatte den Sohn Georg (geb. 1878) in die Ehe mitgebracht, ihr Mann die Kinder Karl (geb. 1875), Karoline (geb. 1878, gest. 1884). Josef (geb. 1883) war ein außereheliches Kind von Michael und Anna und wurde nach der Heirat vom Vater legitimiert, auch Franz (geb. 1887) und Heinrich (geb. 1889) kamen vor der Heirat der Eltern zur Welt, es folgten als jüngste Kinder Johann (geb. 1891) und Maria.[30]

Das Jahr 1919, in dem er seine Familie gründete, brachte Konrad Försch den Verlust seiner Mutter: im Alter von 62 Jahren starb Ottilie Försch am 22. Dezember 1919 an Grippe und Lungenentzündung.[31] Dass solche Krankheiten tödlich verliefen, zeigt die mangelhafte ärztliche Versorgung ärmerer Bevölkerungskreise und die schlechten Wohnverhältnisse mit mangelhafter sanitärer Einrichtung und beschränkter Heizmöglichkeit.

Johann Försch heiratete im Februar 1920 ein zweites Mal, nämlich die Witwe Maria Will, geb. Dosch, geboren 1868.[32]

Konrad Försch hatte mit seiner größer werdenden Familie im Februar 1921 eine neue Wohnung bezogen: Oberthürstraße 7, Hausbesitzer Max Hofmann, *„städtischer Monteur"* bzw. *„städtischer Einkassierer"*, so das Adressbuch. Unter dieser Adresse in der Würzburger Altstadt blieb Försch bis zu seiner Inhaftierung 1936 gemeldet.[33]

---

[30] Aufenthaltsanzeige Michael Spiegel, StadtAW

[31] Medizinische Poliklinik der Universität Würzburg, Dr. W. Börner: Fachärztliches Gutachten über Konrad Försch, 20.01.1956, BayHStA LEA 11627; Meldebogen Johann Försch, StadtAW

[32] Meldebogen Johann Försch, StadtAW

[33] Grundliste Oberthürstr.7, StadtAW, Würzb.Wohnungsb.1922-1936, passim

Abb. 4 – Oberthürstr. 7, Würzburg

Es ist eine Tragik im Leben von Konrad Försch, dass er - abgesehen von einer kurzen Zeit eines Hafturlaubs - nie in seinem erlernten Beruf als Bäckermeister arbeiten konnte, obwohl er dies immer anstrebte. Rückblickend gab er an, sein Ziel sei die Pachtung einer Bäckerei gewesen, *„mit dem Ziel eine eigene Bäckerei zu erwerben. "*[34] Aber die Chancen dafür standen im Würzburg des Jahres 1919 schlecht: Nach einem Zeitungsbericht fanden 90 Prozent der aus dem Krieg zurückgekehrten Bäckergesellen nicht wieder Arbeit in ihrem Beruf, während die Arbeitskraft der billigeren Lehrlinge ausgenutzt wurde.[35] Wenn schon die Gesellen keine Arbeit fanden, dann doch erst recht nicht Meister, als Angestellte den Bäckereibesitzern zu teuer, als Selbständige eine unerwünschte Konkurrenz für die Würzburger Bäckereien. Und woher hätte das Kapital zur Firmengründung kommen sollen?

Die Zeit zwischen 1918 und 1933 war geprägt von den großen Krisen der Inflation und der Weltwirtschaftskrise, die dazwischen liegenden sog. „goldenen Zwanziger" bescherten den Arbeiterfamilien ebenfalls keinen Reichtum. Es waren also schwierige Zeiten, in denen Försch sich und seine Familie durchbringen musste. Dass er dabei keine Arbeit scheute, zeigt die Erwerbsbiographie.

Konrad Försch ernährte zunächst seine Familie als „Reisender", er war als Generalvertreter einer Fotovergrößerungsfirma unterwegs. Bis 1924 übte er diese Tätigkeit aus, dann wurde er arbeitslos. Konrad Försch wurde dann bei „Notstandsarbeiten" im Straßenbau eingesetzt, d. h. bei einem Beschäftigungsprogramm für Arbeitslose. 1926 hatte er beim Straßenbau einen schweren Arbeitsunfall mit einer

---

[34] Konrad Försch: Antrag auf Entschädigung, Schaden am beruflichen Fortkommen, 17.01.1960, BayHStA, LEA 11627
[35] Fränkischer Volksfreund 19.02.1919

Quetschung des Knies. Nach zwei Operationen am Meniskus bzw. der Gelenkmaus attestierte man Försch eine Erwerbsminderung von 30% (weitere 50% aus der Kriegsverletzung), er erhielt eine kleine Unfallrente. Schließlich - 1928-1933 - arbeitete er als Packer in einem Würzburger Elektrogroßhandel, der Firma Sonneberg & Steinhardt.[36]

Familie Försch hat wohl auch durch Untervermietung das Familieneinkommen aufgebessert; Förschs Schwiegervater Michael Spiegel wird in der Grundliste als „Untermieter" bezeichnet, nach seinem Tod scheint sein Zimmer wieder untervermietet worden zu sein, denn von 1930 bis 1932 werden mehrere Personen als Untermieter genannt.[37]

Trotz seiner gesundheitlichen Probleme war Konrad Försch auch sportlich aktiv; er war Mitglied im Würzburger „Arbeiter-Rad- und Kraftfahrverein „Solidarität" und 1927 dessen Vorsitzender.[38]

4. Politische Anfänge

Als das USPD-Mitglied Konrad Försch um die Jahreswende 1918/1919 nach Würzburg zurückkehrte, kam er nicht in eine Hochburg seiner Partei, im Gegenteil: In Würzburg hatte es keine Parteispaltung gegeben, was u. a. darauf zurückgeführt wird, dass die Würzburger SPD-Funktionäre der Kriegspolitik sehr kritisch gegenüberstanden und dadurch

---

[36] Medizinische Poliklinik der Universität Würzburg, Dr. W. Börner: Fachärztliches Gutachten über Konrad Försch, 20.01.1956, Bestätigung Geog Dürr, 26.10.1949, BayHStA LEA 11627
[37] Grundliste Oberthürstr. 7, StadtAW
[38] Bayerische Politische Polizei an Leitung Gestapo Berlin, „Betrifft: kommunistische Organisation und Betätigung", 27.07.1934, BArch R 58-3230

die Abwanderung von Mitgliedern verhindern konnten.[39] Es waren die dann folgenden Revolutionsereignisse, die die SPD von den linkeren Kräften trennte und jene linken Kräfte erstarken ließ: Die Würzburger SPD verweigerte die Anerkennung der bayerischen Räterepublik, die am 7. April 1919 in München proklamiert worden war, die USPD unterstütze sie.[40] Zu diesem Zeitpunkt hatten USPD und die Kommunistische Partei, die im März 1919 erstmals in Würzburg auftrat[41], mehrere hundert Anhänger in der Stadt.

Die Berichte der Würzburger SPD melden bereits im März 1919, dass USPD und KPD einig gingen. Dies war nicht nur in Würzburg so: Auf dem USPD-Parteitag in Halle (Oktober 1920) spaltete sich die Partei, der linke Flügel schloss sich der KPD an. Konrad Försch war eines dieser neuen KPD-Mitglieder.[42] Es besteht aufgrund von Förschs politischer Einstellung kein Zweifel, dass er die Ausrufung der Räterepublik in Würzburg, die bereits nach drei Tagen von konterrevolutionären Soldaten gestürzt wurde, begrüßte. An den Kämpfen beteiligt war er jedoch wohl nicht, auch nicht an den Ereignissen des „Blutmontag" im Juni 1920, einem Hungerkrawall, bei dem Soldaten in die protestierende Volksmenge schossen und zwei Personen töteten.[43]

---

[39] Das Wahlergebnis vom 12.01.1919 (bayerische Nationalversammlung) zeigt dies: SPD ca. 14.900 Stimmen, USPD ca. 200 Stimmen, Fränkischer Volksfreund, 15.01.1919
[40] Vgl. Bettina Köttnitz-Porsch: Novemberrevolution und Räteherrschaft in 1918/1919 in Würzburg, Freunde mainfränkischer Kunst und Geschichte Würzburg, Historischer Verein Schweinfurt, Würzburg 1985 (Mainfränkische Studien 35), Joachim Kletzin: Die Würzburger Sozialdemokratie in der Weimarer Republik, in: Loew, Schönhoven, a. a. O., S. 59 ff.
[41] Fränkischer Volksfreund 22.03.1919, 25.03.1919, 28.03.1919
[42] Konrad Försch, Lebenslauf, 22.05.1946, BayHStA, MSo 3000
[43] Kletzin, a. a. O., S. 70 f.

Dass Försch damals nicht politisch hervortrat, dürfte einen ganz banalen Grund haben: Er war als Vertreter beruflich unterwegs und nicht in Würzburg vor Ort.[44]

1924 gibt es den ersten Nachweis für Förschs über bloße Mitgliedschaft hinausgehende politische Aktivität. In Bamberg wurde er wegen Agitation für die KPD vorübergehend festgenommen.[45] Leider ist nicht mehr möglich festzustellen, ob Konrad Försch damals schon arbeitslos war oder seinen Vertreterberuf für politische Tätigkeit nutzte. Es ist auch nicht ausgeschlossen, dass Försch wegen jener aktenkundig gewordenen KPD-Tätigkeit entlassen wurde.

Erstmals für 1927 wird eine Leitungsfunktion in der KPD gemeldet, die des Ortsgruppenleiters und Kassiers, 1928 soll Försch Leiter für Agitation und Propaganda (Agitprop) und politischer Leiter der Ortsgruppe gewesen sein.[46] Es waren erste Stationen auf einem Weg, an dessen Ende 1933 er als *„einer der bekanntesten Funktionäre" d*er KPD in Unterfranken dasteht.

---

[44] Dass Konrad Försch damals nicht politisch hervortrat, erhellt aus folgenden Tatsachen: Die führenden Männer der Räterepublik Würzburg sind vollständig bekannt, der Name Försch findet sich nicht; keine Stadtratskandidatur 1919 und 1924 (Fränkischer Volksfreund 07.06.1919, 27.11.1924); keine Erwähnung von politischen Aktivitäten in diesem Zeitraum in zwei umfassenden, auf Polizeiüberwachung beruhenden Auflistungen der politischen Tätigkeit Förschs durch Bayerische Politische Polizei bzw. Oberlandesgericht 1934/1937 (BArch R 3018 NJ-3709, Bd. 4, BArch R 58-3230); SPD spricht 1929 von Försch als einem politisch Unbekannten (Fränkischer Volksfreund 30.10.1929)

[45] Urteil des OLG München in der Strafsache Josef Gebhardt und fünf Andere, 05.02.1937, BArch R 3018 NJ-3709, Bd. 4

[46] Urteil des OLG München in der Strafsache Josef Gebhardt und fünf Andere, 05.02.1937, BArch R 3018 NJ-3709, Bd. 4

II. *„Er ist einer der bekanntesten Funktionäre in Würzburg"* – An der Spitze der Würzburger KPD (1929-1933)

1. *„Es soll ein gewisser Konrad Försch als Spitzenkandidat nominiert werden"* – Stadtratswahl 1929

Die Kommunalwahlen vom Dezember 1929, bei der Konrad Försch als Spitzenkandidat der KPD antrat, können als Beginn eines neuen Abschnitts in Förschs politischem Leben gesehen werden, denn von jetzt an prägte er die KPD-Politik in Würzburg zunehmend.

Würzburg war alles andere als eine kommunistische Hochburg, wie auch die Arbeiterparteien nur von einer Minderheit der Würzburger Bevölkerung gewählt wurden. Weitaus stärkste politische Kraft in Würzburg war die katholisch-konservative und föderalistische Bayerische Volkspartei (BVP), die Liberalen (Deutsche Demokratische Partei) waren ein bedeutender Faktor, auch die Nazis waren seit 1924, wenn auch nur mit einem von 40 Stadtratsmandaten, vertreten.

Dominierende Partei im sozialistischen Lager war die SPD, die bei der Stadtratswahl 1924 9 Sitze erhalten hatte, während die KPD leer ausgegangen war.

Zwei weitere linke Parteien müssen als Würzburger Besonderheit noch erwähnt werden. Zum einen hatte die „Christlich-soziale Reichspartei", nach ihrem Vorsitzenden Vitus Heller „Heller-Bewegung" genannt und deutschlandweit so klein, dass sie es nie in den Reichstag schaffte, in der katholischen Bischofsstadt eine Hochburg. Sie stand links von der

SPD[47], von der ihre Anhänger als *„christliche Kommunisten"* bezeichnet wurden[48] und verband Christentum mit einem pazifistischen und antikapitalistischen Programm.

Der Lenin-Bund schließlich, der auch unter dem Namen „linke Kommunisten" auftrat, war eine Abspaltung von der KPD. Es handelte sich um Kommunisten, die zwar die Sowjetunion bejahten, aber die Politik Stalins, insbesondere dessen Beseitigung innerparteilicher Gegner in der KPdSU bekämpften.[49] Die kleine Gruppe war in Würzburg nicht ohne Einfluss, war im Erwerbslosenausschuss aktiv und stellte wohl den Vorsitzenden des Freidenkerverbandes.[50]

Die KPD mit ihrem Spitzenkandidaten Konrad Försch konkurrierte also mit einer Reihe von Parteien, als sie zur Stadtratswahl im Dezember 1929 antrat. Die SPD öffnete die Spalten ihrer Zeitung, dem „Fränkischen Volksfreund", für den aus der KPD ausgetretenen Adam Straub[51], der sich *„in erster Linie gegen die beabsichtigte Spitzenkandidatur der*

---

[47] Beispielsweise unterstützte sie bei der Reichspräsidentenwahl 1932 den kommunistischen Kandidaten Thälmann.

[48] Fränkischer Volksfreund, 24.03.1930

[49] Rüdiger Zimmermann: Der Leninbund – Linke Kommunisten in der Weimarer Republik, Droste Verlag, Düsseldorf, 1978

[50] Bei einer Parteisäuberung der 50er Jahre wurde Fritz Hirth (KPD-Stadtrat 1946-1952) mit der Begründung aus der KPD ausgeschlossen, er habe 1928 den Lenin-Bund in Würzburg gegründet. Hirth war 1924 Spitzenkandidat der KPD zur Stadtratswahl. Später wird ein „Herr Hirth" (auch „Hirt" und „Hith") als Vorsitzender der nichtkommunistischen Fraktion der Freidenker genannt. Dieser wird in der KPD-Presse vor 1933 *„politischer Wirrkopf"* und *„angebliche[r] „Linkskommunist"* genannt. Fränkischer Volksfreund, 27.11.1924, Nordbayerische Volkszeitung, 15.04.1930, Neue Zeitung, 30.06.1931, Bayerisches Volksecho, 17.09.1954

[51] Die KPD-Presse nannte als Grund des Austritts, Straub sei nicht als Stadtratskandidat aufgestellt worden. An dieser Version sind Zweifel erlaubt, da Straub auch nicht beim Lenin-Bund, dem er offenbar angehörte, kandidierte. Straub engagierte sich im Erwerbslosenausschuss. Nordbayerische Volkszeitung, 13.02.1930

KPD für die hiesige Stadtratswahl wendet[e] (es soll ein gewisser Konrad Försch als Spitzenkandidat nominiert werden)" aber auch *„Drang an die Futterkrippe, Demagogie, Korruption, Diktatur gegen die eigenen Mitglieder"* beklagte und verwendete dies gegen die Kommunisten: *„ "Arbeiter, Werktätige, lernt aus dem Beispiel und bildet mit uns die geschlossene Phalanx der in der SPD. zusammengefügten Massen !"*[52]

Das Wahlergebnis bestätigte die SPD: Mit 22,8 % der Stimmen gewann sie ein Mandat dazu und besaß jetzt zehn statt bisher neun Sitze im 40-köpfigen Stadtrat. Mit weitem Abstand folgten die Christlich-Sozialen mit 4,4 % und einem Sitz, während die beiden kommunistischen Listen ohne Mandat blieben. Die von Försch geführte KPD-Liste kam auf 1,9 %, die „linken Kommunisten" auf 0,5 %.[53] Das Ausmaß der KPD-Niederlage wird noch deutlicher, wenn man sieht, dass 761 Stimmen für die KPD abgegeben wurden, während 425 verloren wurden. Wenn die KPD-Parteipresse auch vor allem auf den *„Anti-Leninbund"* schimpfte, der *„in der dreckigsten Art und Weise"* die KPD bekämpfe *„und bei jeder Gelegenheit ihre ideologische Einheit mit den Sozialfaschisten* [SPD] *zeige[...], muss doch der Mangel unseres Einflusses in den Betrieben und Gewerkschaften festgestellt werden."*[54]

---

[52] Fränkischer Volksfreund, 30.10.1929
[53] Fränkischer Volksfreund, 09.12.1929
[54] Nordbayerische Volkszeitung, 23.12.1929

2. „ ...seit langem im Vordertreffen der revolutionären Kampffront" – Aufbauarbeit für die KPD

Es galt also, Aufbauarbeit für die KPD zu leisten und Konrad Försch machte sich mit seinen Genossen an diese Aufgabe. Eine Aufstellung von Förschs Ämtern zeigt, dass er immer mehr leitende Funktionen in der KPD-Ortsgruppe und im Unterbezirk (der Würzburg und einen Teil Unterfrankens umfasste[55]) übernahm: 1927 Ortsgruppenleiter und Kassier, 1928 Leiter für Agitation und Propaganda (Agitprop) und politischer Leiter der Ortsgruppe, 1930 stellv. Leiter der Arbeitsgebiet-, d. h.. Unterbezirksleitung, 1931 Agitprop-Leiter im Unterbezirk und in seinem Wohngebiet Würzburg-Pleich, Landtagskandidatur 1932 und Vorsitzender des KPD-Unterbezirks Würzburg waren die Stationen auf diesem Weg.[56] Eine Einschätzung aus dem Jahr 1937 fasst Förschs Tätigkeit rückblickend wie folgt zusammen: *„[E]r ist einer der bekanntesten Funktionäre in Würzburg. [...] Er war Redner und Einberufer vieler kommunistischer Versammlungen im Stadt- und Landbezirk Würzburg und trat häufig als Diskussionsredner in Versammlungen anderer Parteien und Verbände auf."*[57]

Die KPD sah sich bestätigt durch die Weltwirtschaftskrise mit der ungeheuren Verarmung weiter Bevölkerungskreise. Die Würzburger SPD stimmte manchem anfechtbaren

---

[55] Bis 1930 umfasste der Unterbezirk Würzburg ganz Unterfranken, ab 1930 war Unterfranken in die Unterbezirke Lohr, Schweinfurt und Würzburg geteilt. Mehringer, a. a. O., S. 36

[56] Bayerische Politische Polizei an Leitung der Gestapo Berlin, „Betrifft: Kommunistische Organisation und Betätigung", 27.07.1934, BArch R 58-3230, Urteil des OLG München in der Strafsache Josef Gebhardt und fünf Andere, 05.02.1937, BArch R 3018 NJ-3709, Bd. 4; Die beiden Auflistungen stimmen nicht in allen Einzelheiten überein.

[57] Urteil des OLG München in der Strafsache Josef Gebhardt und fünf Andere, 05.02.1937, BArch R 3018 NJ-3709, Bd. 4

Kompromiss zu, so im September 1931 einem Sparhaushalt der Stadt Würzburg, der u. a. eine Kopfsteuer, Lohnkürzungen der städtischen Mitarbeiter und Senkung der Wohlfahrtsunterstützungen beinhaltete.[58] Als ein Tarifabschluss der Straßenbahner Lohnkürzungen brachte, verkauften die SPD-nahen Gewerkschaften dies als Erfolg ihrer Verhandlungen. Es hätte noch schlimmer kommen können, meinten sie.[59]

Ob dem erwähnten Mangel an Einfluss der KPD in Betrieben und Gewerkschaften abgeholfen werden konnte muss offen bleiben; Die Gewerkschaften des sozialdemokratischen Allgemeinen Deutschen Gewerkschaftsbundes (in Würzburg 1931 ca. 12.000 Mitglieder) blieben gegenüber der kommunistischen „Roten Gewerkschaftsopposition" (RGO), der auch Konrad Försch angehörte, führend. Bei den Betriebsratswahlen der Reichsbahn in Würzburg (1931) erhielt die RGO kein Mandat, bei den städtischen Betrieben mit 165 Abstimmenden votierten 44 (26.7%) für die kommunistische Liste.[60] Die Rede der SPD von der „in Würzburg sagenhaften RGO" war also propagandistische Übertreibung.[61] Die RGO war existent und vermochte eine Minderheit der Arbeiter zu überzeugen.

Größer scheint der Einfluss der Würzburger KPD bei den Arbeitslosen gewesen zu sein. Der Erwerbslosenausschuss, eine politische Vertretung der Arbeitslosen, in dem um die Jahreswende 1929 / 1930 Mitglieder des Lenin-Bundes dominierten, kam in Laufe des Jahres 1930 unter kommunisti-

---

[58] Fränkischer Volksfreund, 04.09.1931, vgl. dazu die Kritik der Christlich-sozialen Reichspartei, deren Stadtrat dagegen stimmte: Das neue Volk, 19.09.1931
[59] Fränkischer Volksfreund, 31.10.1931
[60] Neue Zeitung, 07.04.1931, Fränkischer Volksfreund, 08.05.1931
[61] Fränkischer Volksfreund, 18.01.1932

sche Führung.[62] In der Folge machte sich der KPD-geführte Erwerbslosenausschuss[63] durch Demonstrationen und - nach Meinung der SPD - *„kommunistische Agitationsanträge"* an den Stadtrat bemerkbar.[64]

Neben der Agitation für die Ziele der Partei war die Schulung der eigenen Mitglieder ein wichtiges Arbeitsfeld. So wurde in Würzburg eine „Marxistische Arbeiterschule" (MASCH) mit Räumen in der Bibrastraße eingerichtet[65] und den Funktionären oblag die ideologische Orientierung der Mitgliedschaft an den Beschlüssen der Kommunistischen Internationale. So erläuterte beispielsweise Konrad Försch im Frühsommer 1931 in Mitgliederversammlungen die Beschlüsse des 11. Plenums des Exekutivkomitees der Kommunistischen Internationale (EKKI), das die Brüning-Regierung als *„Regierung der Durchführung der faschistischen Diktatur"* charakterisiert und die SPD als „sozialfaschistisch" denunziert hatte.[66]

Für die bayerische Landtagswahl, die im April 1932 stattfand, wurde Försch auf Platz zwei der unterfränkischen KPD-Liste gesetzt, da er, wie die anderen Kandidaten, *„...seit langem im Vordertreffen der revolutionären Kampffront"* stünde.[67] Bei der Wahl gelang es der KPD, ihre Stimmen gegenüber der Landtagswahl 1928 fast zu verdop-

---

[62] Nordbayerische Volkszeitung, 13.02.1930

[63] Auch hier war die Arbeiterbewegung gespalten: Es gab eine weitere Erwerbslosenorganisation, die der SPD und dem ADGB nahestand; Fränkischer Volksfreund, 25.01.1932

[64] Neue Zeitung, 02.03.1931, Fränkischer Volksfreund, 19.11.1931

[65] Neue Zeitung, 27.08.1932

[66] Die Neue Zeitung erwähnt ein Referat von Konrad Försch in Rimpar. Es ist davon auszugehen, dass er als politischer Leiter nicht nur in einem einzelnen Ortsverband sprach. Neue Zeitung, 24.06.1931. Beschlüsse des EKKI: Ossip K. Flechtheim: Die KPD in der Weimarer Republik, Europäische Verlagsanstalt, Frankfurt/Main, ²1976, S. 265, 270

[67] Neue Zeitung 15.04.1932, Fränkischer Volksfreund, 19.04. 1932

peln. Mit 6,6 % der Stimmen erhielt sie acht Mandate. In Unterfranken reichte es nicht zum zweiten Sitz, so dass Konrad Försch das Mandat knapp verfehlte. Auch in der Stadt Würzburg hatte sich das Stimmenverhältnis zu Gunsten der KPD geändert: Die SPD blieb zwar mit etwa 8.600 Stimmen (16,7 %) führend, ihr standen aber knapp 3.000 KPD-Wähler (5,8 %) gegenüber.[68] Dieser Trend setzte sich fort: Bei der Reichstagswahl im November 1932 wählten 10.200 Würzburger sozialdemokratisch (19,1 %), 5.800 kommunistisch, das waren 10,9 % der Wähler.[69]

3. „ ...als aufreizender Kommunist bekannt... " – Polizeischikanen

Seit 1930 hatte Deutschland keine parlamentarische Regierung mehr. Die Reichskanzler Brüning, Papen, Schleicher regierten, gestützt auf § 48 der Reichsverfassung, mit Notverordnungen des Reichspräsidenten Hindenburg. Die autoritären Reichsregierungen bekämpften mit ihren Notverordnungen u. a. die Kommunisten. In Würzburg verboten die Behörden zahllose Veranstaltungen der KPD und der ihr nahestehenden Organisationen, so des „Kampfbundes gegen den Faschismus", der Roten Hilfe" usw.[70] Konrad Försch trat solchen Polizeischikanen entschieden entgegen: Als Försch im Juni 1931 in Rimpar in einer Mitgliederversammlung der örtlichen KPD sprach *„wurde die Tür aufgerissen, ein Gendarm und ein Schupomann kamen herein. Ohne sich an den Referenten zu wenden, fingen die zwei*

---

[68] Fränkischer Volksfreund, 25.04.1932
[69] Fränkischer Volksfreund, 07.11.1932
[70] Fränkischer Volksfreund 11.10.1931, 23.03.1931, 15.04.1931, 02.05. 1931, 30.07.1931,29.08.1931, 03.09.1931, 14.09.1931, 05.02.1932, 20.02.1932 und passim, Neue Zeitung 16.10.1930, 04.03.1931 und passim

Hüter der „Ordnung" an, die Genossen nach ihrem Parteibuch zu befragen. Der Referent hielt inne, verbat sich diese bodenlose Frechheit und forderte die Genossen auf, kein Mitgliedsbuch zu zeigen, da wir den faschistischen Staatsorganen unsere Mitgliederlisten nicht ausliefern brauchen."[71] Einige Wochen später ereignete sich Ähnliches in Erlach: „Schließlich wollte die Polizei den Genossen Försch am Reden hindern, „da er als aufreizender Kommunist bekannt sei". Durch den stürmischen Massenprotest der Mitglieder wurde die Polizei gezwungen, [...] diese Willkürverfügung zurückzuziehen. Genosse Försch begann also sein Referat. Seine laute Stimme drang über das Lokal hinaus in das Dorf hinein und machte die Polizisten so nervös, daß sie abermals hereinstürzten und die Mitgliederversammlung auflösten. Als Antwort stimmten die Genossen die Internationale an. Nun geriet der „Unordnungshüter" vollends aus der Fassung und schrie: „Auch das Singen ist verboten." Er behauptete, die Gäste nebenan hätten sich über das Singen beschwert. Genosse F[örsch] fragte sofort die anwesenden Gäste, ob sie sich beschwert hätten. Diese, meistens Kleinbauern, erwiderten, es sei eine Unverschämtheit, so etwas zu behaupten; sie freuten sich im Gegenteil, wenn gesungen würde. Nun war die Blamage des „Staatsretters" vollendet."[72]

Auch zahlreiche KPD-Schriften wurden verboten. Aus dem Jahr 1931 sind drei Ermittlungsverfahren gegen Konrad Försch bekannt, dem vorgeworfen wurde, in der KPD-Geschäftsstelle verbotene Schriften feilgeboten zu haben. Im Einzelnen waren es ein Heft der Zeitschrift „Der Propagandist" sowie die Schriften „Unser Kampf gegen Faschismus und Kriegsgefahr" und „Lenin über die Pariser

---

[71] Neue Zeitung, 24.06.1931
[72] Neue Zeitung, 11.07.1931

Kommune", von denen im August bis Oktober 1931 je ein bis fünf Exemplare beschlagnahmt wurden.[73]

Zu einer Verurteilung von Försch kam es nicht, da der Beweis, dass er die Broschüren *"ganz gelesen und die Tragweite des Inhalts erkannt hat"*, nicht erbracht werden konnte.[74]

Verurteilt wurde Försch dagegen im November 1931 wegen illegaler Flugblattverteilung. Das Amtsgericht Würzburg sah als erwiesen an, dass er zwei Parteifreunden Flugblätter zur Verteilung ausgehändigt hatte, deren Verbreitung nicht genehmigt war und verurteilte ihn zu 50 RM Geldstrafe, ersatzweise 20 Tage Haft. Der Fall zeigt, wie einfallsreich die KPD ihre Ziele propagierte: Die beiden Kommunisten waren vom Arbeitsamt verpflichtet worden, vor dem Neumünster und der Marienkapelle an Kirchgänger die Einladung zu einer katholischen Filmvorführung zu verteilen. Als Atheisten über diese Zwangsverpflichtung zur Werbung für die Kirche vermutlich wenig erfreut, verteilten sie nun zusätzlich ein Flugblatt der KPD-nahen „Proletarischen Freidenker", das den Titel „Preußisches Luther-Konkordat" trug, somit nicht auf den ersten Blick als KPD-Blatt erkenntlich war, aber antipreußische und antievangelische Ressentiments ansprach.[75]

---

[73] BArch R 3003 14a J 1448/31, R 3003 14a J 1341/31
[74] Oberreichsanwalt an Polizeidirektion Würzburg, 23.10.1931, Hervorhebung im Original, BArch R 3003 14a J 1448/31
[75] Fränkischer Volksfreund, 14.11.1931

4. *„Ein Stalin im Westentaschenformat"* – Die feindlichen Brüder SPD und KPD

In Würzburg wie in ganz Deutschland standen sich KPD und SPD als feindliche Brüder gegenüber. Beide beriefen sich auf den Marxismus, stimmten im Endziel überein, an die Stelle des kapitalistischen Wirtschaftssystems mit seinen periodisch wiederkehrenden Wirtschaftskrisen den Sozialismus zu setzen, Banken und Konzerne zu vergesellschaften.

Damit endeten die Gemeinsamkeiten: Die Kommunisten begeisterten sich für die Sowjetunion – *„Moskau-Anbeter"* sagte die SPD spöttisch[76] – und hoben die Errungenschaften des sozialistischen Aufbaus in der UdSSR als Gegenmodell zum Kapitalismus hervor: Industrialisierung, Volksbildung, Beseitigung von Hunger und Arbeitslosigkeit. Die Sozialdemokraten lehnten die Oktoberrevolution prinzipiell ab.[77]

Auch in der Tagespolitik konnten die Kontraste kaum größer sein. Die SPD rang sich zu Kompromissen durch, die z. T. aus heutiger Sicht kaum nachvollziehbar sind. So tolerierte sie die Regierung des Reichskanzlers Brüning (1930-1932), der mit diktatorischen „Notverordnungen" am demokratisch gewählten Parlament vorbei regierte und hoffte damit ein weiteres Erstarken der NSDAP verhindern zu können.[78] Die KPD stellte dagegen oftmals unerfüllbare Maximalforderungen und wollte damit zeigen, dass das kapitalistische System niemals die berechtigten Interessen der abhängig Beschäftigten, Erwerbslosen und Armen befriedi-

---

[76] Fränkischer Volksfreund, 23.11.1929
[77] Zur Position der Würzburger SPD vgl. Fränkischer Volksfreund, 20.10. 1932
[78] Fränkischer Volksfreund, 27.06.1931

gen könne. Sie wollte das System entlarven, stürzen, um bald zum Sozialismus übergehen zu können. Die Weltwirtschaftskrise, die mit dem „schwarzen Freitag" 1929 begonnen und auch in Deutschland ungeheures Elend zur Folge hatte machte ja für viele plausibel, dass der Kapitalismus am Ende sei.

Beispielhaft für die Kommunismus-Kritik der SPD – und den Umgangston – ist die Polemik gegen eine Rede von Konrad Försch in der SPD-Zeitung „Fränkischer Volksfreund". Unter der Überschrift „Kommunistisches Theater" heißt es vom „kommunistischen Rittmeister Försch-Würzburg. [...] Sprücheklopfen und Versprechen Sowjetparadies und alles im Leben überhaupt nicht Erfüllbare wurde den Zuhörern als besondere Delikatesse vorgesetzt. [...] Karl Marx würde sich im Grabe umdrehen, wenn er wahrnehmen könnte, mit welchen frivolen Mitteln mit seiner Lehre heute Agitation getrieben wird. Kommunistische Neulinge wollten in der Diskussion Karl Marx zitieren und haben vermutlich noch nicht einmal eine Einbanddecke eines Werkes von Karl Marx gesehen."[79]

Während die SPD die Wiederwahl des Reichspräsidenten Hindenburg, des Mannes, der dann Hitler an die Macht berief, unterstützte, führte sie den Kampf gegen NSDAP und KPD. Ihre Parolen waren „Wer Thälmann wählt, wählt Hitler" und „Weder Hitler-Knechte, noch Stalin-Sklaven."[80]

Freilich hatten die Sozialdemokraten keine Veranlassung allzu großer Höflichkeit gegenüber der KPD: Wurden sie doch von den Kommunisten als „Mörderpartei"[81] und als

---

[79] Fränkischer Volksfreund, 12.03.1932
[80] Fränkischer Volksfreund, 05.03.1932, 11.03.1932
[81] Neue Zeitung, 17.01.1932. Am 01. Mai 1929 hatte der Berliner Polizeipräsident, der SPD-Mitglied war, mit Waffengewalt die KPD-Maikundgebung auflösen lassen. Es gab zahlreiche Tote und Verletzte.

„Sozialfaschisten" bezeichnet. Letztere These, von der Internationale (11. EKKI-Plenum) 1931 aufgestellt, behauptete, NSDAP und SPD seien, so der KPD-Vorsitzende Ernst Thälmann, *„Zwillinge, [...] die einander ergänzen. [...] die [...] Sozialdemokratie [ist] aktivster Faktor bei der Faschisierung Deutschlands."* [82] Aus heutiger Sicht kann diese These nur als ungeheuerlich bezeichnet werden.

Entsprechend ihrer Einschätzung der SPD versuchte die KPD möglichst viele einfache SPD-Mitglieder, die ihrer Meinung nach von deren Parteiführern, den *„Bonzen",* missbraucht würden, zu sich herüber zu ziehen. Zur Leitung der „SPD-Kommission" im Unterbezirk, die zur KPD übergetretene Sozialdemokraten betreute, wurde im März 1932 Konrad Försch berufen. [83] Möglicherweise war er bei der Abwerbung von SPD-Mitgliedern sehr erfolgreich. Es gibt einige Belege über seine Agitation in sozialdemokratischen Kreisen. So soll er in Erlach zwei Sozialdemokraten, darunter ein Parteimitglied seit 1886, zur KPD gebracht haben, in Höchberg sechs, in Rimpar einen; auch das *„räudige Schaf"* das die Kommunisten in Versbach nach einer Försch-Rede gewannen, dürfte nach der Beleidigung in der SPD-Zeitung zu schließen, ebenfalls ein Sozialdemokrat gewesen sein. [84] Über die Versammlung in Höchberg schrieb die KPD-Presse: *„Während der Rede des Genossen Försch stürzten mit einem Male zirka 15 Sozialdemokraten unter Führung ihrer sozialfaschistischen Bonzenanwärter herein. Sie kamen bestimmt mit der Absicht, [...] provozieren zu*

---

[82] Zitiert nach Flechtheim, a. a. O., S. 270

[83] Bayerische Poltische Polizei an Leitung der Gestapo Berlin, „Betrifft: Kommunistische Agitation und Betätigung", 27.07.1934, BArch R 58-3230, Urteil des OLG München in der Strafsache Josef Gebhardt und fünf Andere, 05.02.1937, BArch R 3018 NJ-3709, Bd. 4

[84] Neue Zeitung, 24.06.31, 08.07.1931, 11.07.1931, Fränkischer Volksfreund, 12.03.1932

wollen. Aber oh weh! Wenn Genosse Försch nicht die An-
wesenden beruhigt hätte, wären sie in hohem Bogen her-
ausgeflogen. Wir erklärten ihnen, dass sie als Gäste jeder-
zeit in unseren Mitgliederversammlungen anwesend sein
können, wenn sie sich anständig benehmen. In der Diskus-
sion führen dann die drei Vorsitzenden des AGDB., der SPD.
und des Turn- und Sportbundes auf. [...] Der Genosse
F[örsch] [...] zerriß ihre heuchlerische Demagogie vom
kleineren Übel betreffs Notverordnung. Antwort wie oben
erwähnt sechs Übertritte zur roten Klassenfront."[85]

Natürlich machte die Konfrontation vor der Beschimpfung
der örtlichen Funktionäre nicht halt. Während die KPD einen Würzburger Sozialdemokraten - nach ihrer Sozialfa-
schismus-Theorie immerhin konsequent - als *„kleine[n]*
Mussolini"[86] brandmarkte, konterte die SPD-Zeitung mit
einer an Gehässigkeit kaum zu überbietenden Charakterisie-
rung von Konrad Försch. Anlässlich seiner Verurteilung
wegen der oben erwähnten illegalen Flugblattverteilung
führte der „Fränkische Volksfreund" über Försch aus: *„Er*
gehört zu denjenigen Menschen, die gemeinhin als Führer
der hiesigen kommunistischen Bewegung gelten. Es sagt
genug über die Würzburger kommunistische Partei, wenn
man Försch kennt und sieht, daß die Partei einen solchen
„Führer" duldet. Wir wollen hier nicht von moralischen
Qualitäten sprechen, die man für den „Führer" einer politi-
schen Partei notwendigerweise voraussetzen müßte. Es fällt
uns schwer, bei Konrad Försch solche Voraussetzungen zu
finden. Wir wollen uns auf die geistigen Qualitäten be-

---

[85] Neue Zeitung, 08.07.1931
[86] Neue Zeitung, 15.10.1930 Der so etikettierte Frank Wirsching, Vorsitzender des ADGB in Würzburg, wurde im KZ Dachau ermordet.
Margit Grubmüller, Dieter Langewiesche: Die Würzburger Arbeiterbewegung unter der national-sozialistischen Diktatur, in: Loew,
Schönhoven, a. a. O., S. 93

schränken. Bei dieser Prüfung allerdings würde Försch unbarmherzig durchfallen müssen. Denn dieser Mann ist der typische Repräsentant des tiefen geistigen Niveaus, auf dem die kommunistische Partei heute angelangt ist.[...] Für die völlig Blinden der kommunistischen Partei ist ja selbst noch ein Försch eine verehrungswürdige Größe, ein Stalin im Westentaschenformat. [...] Es ist immer das Kennzeichen der kleinen Geister gewesen, daß sie sich für das Wichtigste von der Welt halten. Uns will scheinen, dass Konrad Försch von diesem Wahn nicht frei ist. Das Pathos, das er in seiner Verteidigung vor Gericht anschlug, bestätigte diese Vermutung. Es war beileibe nicht das kernhafte Pathos des Revolutionärs, es war vielmehr das kranke Pathos eines vom politischen Verfolgungswahn besessenen Menschen. [...] Försch [glaubte], dem Gericht eine Rede über die Klassenjustiz halten zu müssen. Während dieser Rede aber konnte man von der Menschheit ganzem Jammer angefasst werden. Denn es wirkte doch mehr als erschütternd, wenn dieser Mann sich einreden wollte, daß das Gericht, falls es zu einer Verurteilung komme, nicht ihn persönlich, sondern die kommunistische Partei treffen wolle. Eine solche Selbstüberhebung streift hart an die Grenzen, bei denen man anfängt, über solche Dinge in der Sprache des Psychiaters zu reden."[87] Dass die SPD diesen langen Zeitungsartikel voller Beleidigungen in ihrer Zeitung erscheinen ließ, lässt nur einen Schluss zu: Sie hatte Konrad Försch als gefährlichen Gegner erkannt.

Auch Würzburg sah Anfang der 30er Jahre das immer aggressiver werdende Auftreten der erstarkenden NSDAP. Im Dezember 1930 kam es anlässlich des Gastspiels einer jüdischen Theatergruppe aus der Sowjetunion zu pogromartigen Krawallen, bei denen jüdische Würzburger von Nazis zu-

---

[87] Fränkischer Volksfreund, 14.11.1931

sammengeschlagen wurden. Im November 1931 gab es das erste Todesopfer, als der junge Kommunist Andreas Geis von einem Nazi erschossen wurde.[88]

In der Arbeiterbewegung rechnete man nicht damit, dass die Behörden den Nazis Einhalt geböten, vielmehr registrierte man das Gegenteil. So wurde die KPD-Protestdemonstration gegen die Ermordung von Geis verboten, Teilnehmer an der illegal trotzdem stattfindenden Kundgebung verurteilt. Auch die Sozialdemokraten hatten irritiert feststellen müssen, dass eine Versammlung des ihnen nahestehenden Freidenkerverbands zur „sexuellen Frage" von der Stadt Würzburg mit dem Hinweis auf die 10.000 NSDAP-Wähler in der Stadt verboten worden war.[89]

So stützte man sich wie überall im Land auf die eigenen Organisationen: Das Reichsbanner „Schwarz-Rot-Gold" mit der Schutzformation (Schufo) auf SPD-Seite, auf kommunistischer Seite der Rotfrontkämpferbund (RFB) sollten die eigenen Veranstaltungen vor randalierenden Nazis schützen, was auch in Würzburg notwendig war, man wollte sich aber auch für bewaffneten Widerstand für den Fall einer faschistischen Machtübernahme rüsten. Wenn die Nazis versuchten, in den Arbeitersiedlungen aufzumarschieren, blieb es nicht immer friedlich, wie im Juli 1930 in Randersacker, als Antifaschisten die NS-Parolen mit dem Gewerkschaftslied „Brüder, zur Sonne, zur Freiheit" konterten. Oft kam es zu regelrechten Saalschlachten mit zahlreichen Verletzten. 1931 versuchten Nazianhänger das Würzburger KPD-Büro anzuzünden.[90]

---

[88] Fränkischer Volksfreund, 20.11.1930, 02.02.1931, 04.02.1931, 06.02. 1931, 10.02.1931, 12.3.1931, Neue Zeitung, 16.11.1931
[89] Fränkischer Volksfreund 13.10.1930, 14.10.1930, 07.12. 1931
[90] Neue Zeitung 28.07.1930, 23.07.1930, Fränkischer Volksfreund, 09.06. 1931, 02.07.1931 und passim

Auf kommunistischer Seite war Konrad Försch einer der führenden Antifaschisten in Würzburg. Jedenfalls war er 1. Vorsitzender des „Kampfbundes gegen den Faschismus", einer von der KPD eigens zu Bekämpfung der Nazis gegründeten Organisation. Schon 1928 hatte er eine führende Rolle beim Rotfrontkämpferbund eingenommen.[91]

Aufgrund der geschilderten Feindschaft zwischen KPD und SPD erklärt sich, dass sich die Arbeiterparteien nicht zu gemeinsamem Widerstand gegen die immer stärker werdenden Nazis entscheiden konnten. Getrennt nahmen sie den Kampf auf. Zwar fehlte es nicht an Appellen zur Einheit, zur Schaffung der antifaschistischen Einheitsfront, aber weder SPD noch KPD wollten ihren Führungsanspruch aufgeben. Die SPD, die sich mit den Gewerkschaften und weiteren Verbänden zur „Eisernen Front" zusammengeschlossen hatte, deklarierte kurz und knapp: *„Eiserne Front ist Einheitsfront".*[92] Die KPD propagierte die „Einheitsfront von unten", was nichts anderes hieß, als die SPD-Anhänger dazu zu bringen, sich von ihren Funktionären, den „Sozialfaschisten" zu trennen und unter die Führung der KPD zu begeben. Dass dazu nur wenige bereit waren, ist nachvollziehbar. Es waren die kleineren linken Organisationen, in Würzburg z. B. die Christlich-Sozialen, die SPD und KPD zur Schaffung der Einheitsfront unter Hintanstellung der eigenen Parteiinteressen aufforderten. Die Christlich-Sozialen mahnten kurz nach der Machtübergabe an Hitler: *"Wir sagen den Führern der SPD., wie der KPD., dass dieser Ruf [nach der Einheitsfront] solange eitel Schwindel und Betrug ist, solange die Führer nicht unter sich diese*

---

[91] Bayerische Poltische Polizei an Leitung der Gestapo Berlin, „Betrifft: Kommunistische Agitation und Betätigung", 27.07.1934, BArch R 58-3230

[92] Diese Parole führte die SPD-Zeitung „Fränkischer Volksfreund" ab dem 2. Halbjahr 1932 im Titel.

*Einheitsfront schließen. Solange die Kommunisten den So-
zialdemokraten sagen: Kommt zu uns, wir sind die Einheitsfront, ihr seid die Halbfaschisten. [...] Und solange die
SPD.-Führer rufen: Kommt zu uns, wir haben den echten
Sozialismus, solange bleibt dieser Ruf Betrug und solange
arbeiten diese Führer nicht zur wirklichen Einheitsfront hin,
sondern sie sabotieren praktisch diese Einheitsfront."* [93]

---

[93] Das neue Volk, 02.02.1933

III. *„Treu bis zur Selbstaufgabe"* – Widerstand und Verfolgung (1933-1945)

1. Verhaftung und erste „Schutzhaft"

Auch als dann am 30. Januar 1933 die Macht an Hitler über-
geben worden war kam die Einheit der Arbeiter nicht zustande. Ende Februar demonstrierten SPD und KPD in ge-
trennten Großkundgebungen in der Frankenhalle, immer
noch konnte gegenseitige Häme nicht unterlassen werden:
Der „Volksfreund" berichtete von der Teilnahme kommunistischer Arbeiter an der SPD-Kundgebung: *„Erfreulich
war, dass sich an dem Zuge auch kommunistische Arbeiter
beteiligten, die erkannt haben, dass nur durch die Stärkung
der sozialdemokratischen Marschkolonnen der faschistische
Gegner überrannt werden kann."* [94] Die „Neue Zeitung" hingegen meldete, dass an der KPD-Versammlung
3.500 Menschen teilgenommen hätten, darunter *„trotz Verbot der Führer[...] hunderte sozialdemokratischer* Arbeiter",
während dem Aufruf der SPD nur 960 Anhänger gefolgt
seien.[95]

Die Würzburger Parteiorganisation der KPD unter Führung
von Konrad Försch folgte der Parole ihrer Zentrale und rief
mit Flugblättern zum Generalstreik gegen die Hitler-
Regierung auf, was ohne jede Resonanz blieb. Nirgends
kam es zu Versuchen, die Arbeit niederzulegen, nicht zuletzt
weil die Würzburger SPD ihre Mitglieder vor der Teilnahme
am Streik gewarnt hatte. Man solle *„die Nerven behalten"* und sich nicht von den Nazis provozieren lassen:
„Nichts könnte der Arbeiterschaft mehr schaden, nichts den

---

[94] Fränkischer Volksfreund, 18.03.1933 , 20.02.1933
[95] Neue Zeitung, 28.02.1933

Blutdurst der Gegenrevolution mächtiger reizen als Unbedachtsamkeiten und politische Dummheiten auf Seiten des Proletariats."[96] Offenbar waren die der KPD nahestehenden Arbeiter in keinem Betrieb zahlreich genug, um alleine vorgehen zu können.[97]

Defensiven Charakter hatten die Barrikaden, die von Würzburger Kommunisten nach der Machtübergabe an Hitler errichtet worden waren. Zur Verteidigung der Notwohnungen in der „Alten Kaserne" am Pleidenturm waren Steine herbeigeschafft worden, denn offenbar rechnete man mit einem unmittelbar bevorstehenden Angriff der SA-Banden[98]. Die Tatsache, dass man sich anschickte, die faschistische Staatsmacht mit Steinen abzuwehren, spricht nicht dafür, dass der Rotfrontkämpferbund - wie auch das Reichsbanner- für den bewaffneten Kampf gegen den Naziterror gerüstet war. Die rückblickende Einschätzung des Würzburger Sozialdemokraten Hannsheinz Bauer (1953-1972 MdB) dürfte im Großen und Ganzen zutreffen: *„Wenn man fragt, warum das Deutsche Volk das alles ohne bewaffneten Widerstand hingenommen hat, so kann man nur antworten, daß [...] Reichsbanner, Gewerkschaften, auch die Rot-Front-Kämpfer-Truppen der KPD nur Fassade gewesen sind, hinter der keine militärische Ausbildung steckte...*"[99]

Die oben zitierte passive Haltung, die von der SPD-Zeitung propagiert wurde, zahlte sich nicht aus: Der „Volksfreund" konnte am 13. März 1933 die Verhaftung der führenden Kommunisten, Christlich-Sozialen und Sozialdemokraten, die Besetzung des Gewerkschaftshauses und des

---

[96] Fränkischer Volksfreund, 02.02.1933
[97] Vgl. die Kritik im „Neuen Volk", das darauf hinweist, dass die KPD hauptsächlich Arbeitslose, die ja nicht streiken können, organisierte. Das neue Volk, 04..02.1933
[98] Fränkisches Volk, 02.02,1933, Weidisch, a. a. O, S. 46
[99] Zitiert nach Rockenmaier, a. a. O, S. 40

eigenen Zeitungsgebäudes melden, bevor er selbst verboten wurde.[100]

Konrad Försch gehörte zu Antifaschisten, die am 10. März 1933 verhaftet wurden. Allein aus der Mitgliedschaft der KPD sollen über 100 Menschen in das Würzburger Landgerichtsgefängnis einliefert worden sein.[101] Auch Försch war zunächst im Landgerichtsgefängnis eingesperrt. Entgegen einer Gestapo-Meldung aus dem Jahr 1934 wurde Försch damals nicht in das KZ Dachau verschleppt, dies geht aus den von ihm selbst nach 1945 gemachten Angaben hervor.[102] Seine erste Haft dauerte etwa zwei Monate. Am 24. Mai 1933 wurde er aus der Haft entlassen.[103]

Nach dem Bericht eines Informanten der US-Militärregierung gab Konrad Försch in einer Rede im Jahr 1945 an, er sei verhaftet worden, weil er das Kabel eines Mikrophons, das *„der Rattenfänger Hitler"* benutzte, durchgeschnitten habe.[104] Dies kann, völlig wörtlich genommen, nicht stimmen, denn Förschs Verhaftung hatte keinen konkreten Grund, erfolgte im Zuge der summarischen Festnahme der Würzburger Nazigegner. Auch sprach Adolf Hitler im fraglichen Zeitraum nicht in Würzburg. Stellt man in Rechnung, dass der US-Informant die Rede Förschs ungenau wiedergab, könnte sich die Mitteilung auf den 02. März 1933 be-

---

[100] Fränkischer Volksfreund, 13.03.1933
[101] Rockenmaier, a. a. O., S. 38
[102] Antrag auf Ausstellung eines Ausweises für ehemalige KZ-Insassen für Konrad Försch, undatiert, BayHStA, LEA 11627
[103] Bayerische Poltische Polizei an Leitung der Gestapo Berlin, „Betrifft: Kommunistische Organisation und Betätigung", 27.07.1934, BArch R 58-3230
[104] „Report of the Communist Meeting at Veitshöchheim on October 4th 1945", S. 1 f., BayHStA, OMGUS CO 443/1 Um der besseren Lesbarkeit willen werden Zitate aus den amerikanisch-englischen OMGUS-Berichten in deutscher Rückübersetzung wiedergegeben. G.H.

ziehen: Die NSDAP, *„als einzige Partei das Massenmedium Rundfunk"* nutzend, ließ eine Hitler-Rede auf dem Marktplatz und zwei weiteren Plätzen per Lautsprecher übertragen. [105] Auch wenn Belege fehlen, ist gut möglich, dass Konrad Försch versucht hatte, die Rundfunkübertragung der Hitler-Rede zu sabotieren. Man darf nicht vergessen, *„daß seit dem Reichstagsbrand vom 27. Februar die KPD praktisch verboten war"*[106]; unter diesen Umständen musste die Behinderung der faschistischen Propaganda eine der Taktiken der Kommunisten sein.

2.   *„ ...glaubte, wenn auch vorsichtig, mittun zu müssen... "* – Im Visier der NS-Justiz

Nach seiner Haftentlassung dürfte sich Konrad Försch sofort daran gemacht haben, Widerstand gegen das Naziregime zu organisieren, wobei er als Würzburgs wohl prominentester Kommunist besonders gefährdet war. Die Tatsache, dass Försch ab 1934 mehrmals ins Visier der NS-Justiz geriet, aber mangels Beweisen nicht angeklagt bzw. freigesprochen wurde, spricht für seine Umsicht bei der konspirativen Widerstandstätigkeit. [107]

Im Mai 1934 war Försch zusammen mit achtzehn weiteren Würzburgern beim Oberlandesgericht München wegen Hochverrats angeklagt. Es ging dabei um den Ende Mai bzw. Anfang Juni 1933 unternommenen Versuch, die von den Nazis zerschlagene KPD-Organisation in Würzburg wieder aufzubauen, wobei eine Leitung aus einem „Dreierkopf" und vier Stützpunktleitern in den Stadtteilen Main-

---

[105] Weidisch, a. a.. O., S. 51
[106] Rockenmaier, a. a. O., S. 35
[107] Der kommunistische Widerstand in Würzburg ist zusammengefasst bei Mehringer, a. a. O., S. 225 ff.

viertel, Grombühl, Innere Stadt/Pleich und Sanderau installiert worden war. Antinazistische Flugblätter wurden geschrieben, vervielfältigt und verteilt. Försch, der, so die Anklageschrift, *„glaubte, wenn auch vorsichtig mittun zu müssen"*, habe *„noch im Mai 1933"*, also bereits kurz nach seiner Haftentlassung, versucht, einen Genossen zur Mitarbeit zu gewinnen. Des Weiteren versuchte er, eine Schreibmaschine zu organisieren.[108] Das Urteil in diesem Prozess, ergangen im August 1934, ist verloren. Aus anderem Zusammenhang ist bekannt, dass Konrad Försch *„mangels ausreichenden Beweises"* freigesprochen werden musste[109] während für einige Mitangeklagte Gefängnisstrafen zwischen sieben Monaten und zwei Jahren rekonstruiert werden können.[110]

War Försch im Vorfeld dieses Prozesses nicht in Untersuchungshaft so erfolgte seine Festnahme zusammen mit weiteren Würzburger Kommunisten am 20. November 1934. Im Würzburger Gefängnis blieb Konrad Försch bis Heiligabend 1934 eingesperrt.[111]

Mit den Verurteilungen vom August 1934 war der kommunistische Widerstand in Würzburg noch nicht zerschlagen. Ein Jahr später gelang es der Gestapo, die einen Spitzel bei den Kommunisten eingeschleust hatte, erneut, illegale KPD-Strukturen aufzudecken. Am 23. Mai 1935 erhob der Generalstaatsanwalt beim Oberlandesgericht München Kla-

---

[108] Anklageschrift des Generalstaatsanwalts beim Obersten Landesgericht München in Sachen Waigel und Genossen wegen Hochverrat, 16.05.1934, StAM Generalstaatsanw. OLG 3056
[109] Urteil des OLG München in der Strafsache Josef Gebhardt und fünf Andere, 05.02.1937, BArch R 3018 NJ-3709, Bd. 4
[110] Verschiedene Strafen sind aus dem im StAM erhaltenen Schriftverkehr der 1950er Jahre bzgl. Haftentschädigung ersichtlich. StAM Generalstaatsanw. OLG 3056
[111] Eidesstattliche Versicherungen Christoph Abel, Babette Kröckel, 29.11.1950, BayHStA LEA 11627

ge gegen 46 Personen, darunter Konrad Försch: „*Seit Früh-jahr 1934 war ein großer Personenkreis in Würzburg und Umgebung bestrebt, die zerschlagene Organisation der illegalen K.P.D. durch Verbreitung von illegalen Druckschriften, Gewinnung von Mitgliedern, Errichtung von Stützpunkten und Ortsgruppen, Sammlung von Beiträgen für die illegalen Zwecke der K.P.D. wiederherzustellen, wobei auch Verbindungen zu kommunistischen Genossen in Hamburg und im Saarland angeknüpft wurden.*"[112] Auch hier entkam Försch nochmals der NS-Justiz: Am 11. Oktober 1935 wurde er außer Verfolgung gesetzt, da man außerstande war, zu beweisen, „*daß der Angeklagte versucht habe, in Rimpar und Höchberg eine kommunistische Organisation aufzuziehen.*"[113] Offenbar hatte Konrad Försch Kontakte zu Genossen in den ihm aus der politischen Arbeit vor 1933 gut bekannten Landgemeinden in der Umgebung Würzburgs geknüpft. Im Verfahren „Christoph Abel und Genossen", wie der Kommunistenprozess genannt wurde, kam es dann im November 1935 zu zehn Verurteilungen zu Haftstrafen.

3. „ *...in politischen Dingen erfahren wie kaum ein anderer... "* – Verurteilung wegen „Hochverrats"

Ein drittes Mal konnte Konrad Försch den Fängen der Nazi-Richter nicht mehr entkommen. Verwickelt in das Verfahren gegen Josef Gebhardt und Erich Hornung wurde er im Februar 1937 zu drei Jahren Zuchthaus verurteilt. Die beiden jungen Männer, 20 und 24 Jahre alt, waren angeklagt, einen neuen Versuch kommunistischer Widerstandstätigkeit un-

---

[112] Klageerhebung des Generalstaatsanwalts beim OLG München, 23.05.1935, BArch R 3001 178884
[113] Beschluss OLG München, 11.10.1935, BArch R 3001 178884, Blatt 8

ternommen zu haben, diesmal mit Unterstützung der Auslandsorganisation der KPD in der Tschechoslowakischen Republik.

Josef Gebhardt war im November 1935 auf einer Reise in Asch mit Georg Friedrich Hornung, einem langjährigen KPD-Mitglied, das in die CSR geflohen war, zusammengetroffen.[114] Über Gebhardt nahm Hornung Kontakt zu seinem Sohn Erich auf und man kam überein, Würzburger Sozialdemokraten anzusprechen, um gemeinsam gegen die Nazis Widerstand zu leisten. Durch grobe Fahrlässigkeit des politisch unerfahrenen Josef Gebhardt – er war vor 1933, nicht Mitglied, sondern lediglich Sympathisant der KPD gewesen – scheiterte der Versuch schon im Ansatz. Ein Paket mit über 1.200 Exemplaren kommunistischer Schriften, das zur Verteilung in Würzburg bestimmt war, ließ er nicht an sich, sondern einen unbeteiligten Friseur adressieren, der das Paket öffnete und die Polizei informierte. Konrad Försch war an den Beratungen beteiligt gewesen, welche Sozialdemokraten angesprochen werden sollten. Seine Einbindung war von Georg Friedrich Hornung in Asch empfohlen worden, da er verschiedene SPD-Funktionäre aus gemeinsamer Haft kenne. Die KPD-Auslandsorganisation vertraute demnach auf Förschs Urteil.

Konrad Försch soll bei einer Besprechung im Januar 1936 vor der Kontaktaufnahme zu den Sozialdemokraten Merkle und Maag abgeraten haben, da sie *„intellektuelle Zigeuner"*, also unzuverlässig seien. Dagegen empfahl er, das ehemalige SPD-Mitglied Racky anzusprechen. Dass Försch riet, Adolf Racky[115] für die Widerstandtätigkeit zu gewinnen,

---

[114] Biographische Angaben zu Georg Friedrich Hornung bei Köttnitz-Porsch, a. a. O., S. 241 f.

[115] Adolf Racky, * 09.08.1880 Biebrich, + 26.08.1962, Buchdrucker, 1916 bis 1933 Gemeindebevollmächtigter bzw. Stadtrat, Johanna

zeigt, dass der Widerstand die Enge des rein parteipolitischen Standpunkts zu überwinden begann und die Einheitsfront Gestalt annahm. Unter den Angeklagten in den genannten Prozessen hatten sich neben Kommunisten Parteilose, Sozialdemokraten und Lenin-Bund-Mitglieder befunden. Zwischen sozialdemokratischen und kommunistischen Widerstandskreisen in Würzburg bestanden Kontakte. [116] Der SPD-Stadtrat Racky hatte zu den Sozialdemokraten gehört, die durch eine Politik der Nachgiebigkeit gegenüber den Nazis die Existenz der SPD retten wollten. Als Mitglied des gleichgeschalteten Stadtrats hatte er beispielsweise den NS-Oberbürgermeister mitgewählt.[117] Dennoch wollte man ihn für den Widerstand gewinnen.

Das Gericht schätzte Konrad Förschs Beteiligung am „Hochverratsunternehmen" wie folgt ein: *„Seine Einmischung beweist, dass er die geplante Unternehmung billigte und selbst wollte. Daß er sich selbst dabei im Hintergrund halten wollte, war für ihn als alten Kommunistenführer unbedingt geboten und entspricht alter kommunistischer Taktik."* [118]

Die Richter sprachen ungeniert aus, dass es ihnen ein Dorn im Auge war, dass Försch bisher einer Verurteilung entgangen war: *„Der Angeklagte Försch ist [...] ein alter Kommunist und in politischen Dingen erfahren, wie kaum ein anderer. [...] Er kennt auch genau die Art der Verteidigung im Strafverfahren, von der am ehesten Erfolg zu erhoffen ist. Diese oft gepredigte Methode[, eine Beteiligung abzustreiten] hat er auch stets angewendet, wenn er in ein Strafver-*

Schomerus: Wahlstatistischer und biographischer Anhang, in: Loew, Schönhoven, a. a. O., S. 173

[116] Grubmüller, Langewiesche, in: Loew, Schönhoven, a. a. O., S. 102

[117] Weidisch, a. a. O., S. 104

[118] Urteil des OLG München in der Strafsache Josef Gebhardt und fünf Andere, 05.02.1937, BArch R 3018 NJ-3709, Bd. 4

fahren verwickelt wurde. Bisher hatte er damit auch Erfolg.
[...] Ein drittes Mal kann ihm diese Verteidigung nicht mehr
geglaubt werden. Wenn es ihm mit seiner angeblich ehrli-
chen Einstellung zum heutigen Staat wirklich Ernst wäre,
wäre es bei seiner Klugheit und politischen Erfahrung nicht
möglich, dass er immer wieder in politischen Strafverfahren
als beteiligt erscheint."[119]

Das Urteil zeigt, dass das NS-Regime jetzt mit voller Härte
vorging. Die Angeklagten wurden nicht zu Gefängnisstrafen,
sondern zu verschärfter Haft im Zuchthaus verurteilt, Konrad Försch, wie oben erwähnt, zu drei Jahren, Erich Hornung zu fünf Jahren, Josef Gebhardt, 20 Jahre alt, wurde zu
einer zehnjährigen Zuchthausstrafe verurteilt.

4. Haft in Würzburg, München und Amberg

Der Verurteilung war bereits eine mehrmonatige Untersuchungshaft vorausgegangen, vom 12. Februar bis 13. November 1936 in Würzburg, dann eine Woche in der Kran-
kenstation von München-Stadelheim, dann bis zur Verurteilung im Gerichtsgefängnis München-Neudeck.[120]

Die Zuchthausstrafe verbüßte er - nach vier Wochen in Sta-
delheim - im Zuchthaus Amberg in der Oberpfalz. Aus dieser Haftzeit hat sich lediglich ein Krankenblatt erhalten, das
u. a. Herzbeschwerden und Rheuma, sowie eine Stirn- und
Kiefernhöhleneiterung verzeichnet.

Der Strafvollzug sah für die Häftlinge schwere körperliche
Arbeit vor, die Konrad Försch nicht scheute. Nachdem sein

---

[119] a. a. O.
[120] Strafanstalt München-Neudeck an Landesentschädigungsamt, 02.05.
1951, Vorstand der Gefängnisse München an Landesentschädigungsamt, 28.11.1950, BayHStA LEA 11627

Wunsch, in seinem erlernten Beruf in der Bäckerei zu arbeiten, vom Gefängnisarzt abgelehnt worden war, arbeitete er auf dem Feld, worunter offenbar auch Waldarbeiten zu verstehen waren. Denn im Juli 1938 erlitt er einen Arbeitsunfall, bei dem eine Zehe durch einen Baumstamm gequetscht wurde.

Noch hatte Hitler den Zweiten Weltkrieg nicht ausgelöst, da arbeiteten bereits Gefangene für die Rüstung: Konrad Förschs nächster Arbeitsplatz war die Patronenmacherei, bevor er auf eigenen Wunsch wieder zur Feldarbeit kam.[121] Nach einer späteren Mitteilung war Försch auch beim Strohflechten eingesetzt, vermutlich in der Amberger Haftzeit.[122]

5.   Bunker und Prügel – Im KZ Dachau

Aus dem Zuchthaus Amberg wurde Försch am 5. Mai 1939 entlassen, jedoch nicht in die Freiheit. Im Februar hatte die Gestapo *„bis zur Prüfung der Schutzhaftfrage"* Polizeihaft über ihn verhängt.[123] und so wurde Konrad Försch zunächst wieder in das Würzburger Gefängnis eingeliefert und von dort als „Schutzhäftling" am 19. Mai 1939 in das KZ Dachau verschleppt.[124] Dort erwarteten ihn sofort die schwersten Misshandlungen. Er kam in den Strafblock, den sog. Bunker,

---

[121] Auszug aus dem Krankenblatt von Konrad Försch, StAAm, Justizvollzugsanstalt Amberg 177
[122] Eidesstattliche Erklärung Konrad Försch, 13.09.1949, BayHStA LEA 11627
[123] Gestapo Würzburg an Landrat Amberg, 08.02.1939, BayHStA LEA 11627
[124] Antrag auf Ausstellung eines Ausweises für ehemalige KZ-Insassen für Konrad Försch, undatiert, BayHStA, LEA 11627

wo die Gefangenen z. B. durch Entzug von Essensrationen und Dunkelhaft gequält wurden.[125]

Auch an Konrad Försch wandten die SS-Schergen ihre fürchterlichen Foltermethoden an: Die Prügelstrafe und das „Baumhängen". Prügelstrafe hieß Stockschläge auf das Gesäß, - bei Konrad Försch 25 - wobei der Gefangene die Schläge laut mitzählen musste. Beim „Bäumhängen" wurden die Häftlinge mit nach hinten gezogenen Armen an Bäumen oder Pfählen aufgehängt, so dass das ganze Körpergewicht auf den Schultergelenken lastete. Diese Folter endete oft tödlich. Konrad Försch wurde für zwei Stunden an den Baum „gehängt" und dabei noch von einem Hund angefallen.[126] Letztere Grausamkeit war eine persönliche Marotte des SS-Mannes Hans Kantschuster, den Försch auch in einer Zeugenaussage namentlich nennt. Kantschuster hatte seinen Hund extra dazu abgerichtet, Häftlinge anzufallen.[127]

Im KZ Dachau blieb Konrad Försch vier Monate. Aus dem nächsten Lager, dem KZ Buchenwald in der Nähe von Weimar, wohin er am 27. September 1939 deportiert wurde, wurde er erst durch den Sieg der Alliierten über Hitler-Deutschland 1945 befreit.[128]

---

[125] Schreibstubenkarte des KZ Dachau, ITS
[126] Zeugenaussage Konrad Försch vor dem Amtsgericht Würzburg, 02.07.1954, BayHStA LEA 11627
[127] Vgl. dazu z. B. Zeugenaussage Leonhard Rödl, 21.02.1951, StAM Staatsanwaltschaften 34462/8, Blatt 164 f.
[128] Antrag auf Ausstellung eines Ausweises für ehemalige KZ-Insassen für Konrad Försch, undatiert, BayHStA, LEA 11627

6.　„Rote" und „Grüne"

In den Konzentrationslagern des Naziregimes waren die Häftlinge je nach dem Grund ihrer Inhaftierung mit verschiedenfarbigen Winkeln an der Kleidung gekennzeichnet. Die „Roten" waren die politischen Gefangenen, die „Grünen", sog. „Berufs-" oder „Gewohnheitsverbrecher" waren wegen krimineller Taten ins KZ eingeliefert worden.[129] In Buchenwald gab es zwischen beiden Gruppen heftige Auseinandersetzungen um die Funktionsstellen im Lager. Die Lagerleitung der SS, die viele tausend Häftlinge zu bewachen hatte – bei der Befreiung des Lagers 1945 waren 21.000 Gefangene im Lager - war bei der Lagerverwaltung auf Helfer aus den Reihen der Häftlinge angewiesen. Es gab eine Hierarchie von Kapos an der Spitze von Arbeitskommandos, Blockältesten für die Wohnblocks der Gefangenen und an der Spitze ein, später bis zu drei Lagerälteste. Die Lagerältesten, von der SS bestimmt, konnten Vorschläge für die Benennung der Blockältesten machen.[130]

Wer diese Funktionen ausübte, war für die Überlebenschancen der Häftlinge von entscheidender Bedeutung. Unter den „Grünen" gab es Sadisten, die der SS an Gewalttätigkeit wenig nachstanden, andere waren korrupt und erpressten die ihnen unterstehenden Häftlinge. Am schlimmsten waren die Spitzel, deren Denunziationen für den Betroffenen in den meisten Fällen einem Todesurteil gleichkam. Konrad Försch sagte 1945 rückblickend über die „Grünen":

---

[129] David A. Hackett (Hrsg.): Der Buchenwald-Report – Bericht über das Konzentrationslager Buchenwald bei Weimar, Verlag C. H. Beck, München, ²1997, S. 56 f. Einschränkend muss allerdings festgestellt werden, dass die Deklarierung als „Berufsverbrecher" eine äußerst willkürliche, auf NS-Theorien von „Verbrechergenen" und „Untermenschentum" basierende war. Die Annahme, „grüne" Häftlinge seien sämtlich Gewaltverbrecher und Mörder gewesen, ist irrig.
[130] Hackett, a. a. O., S. 63 ff.

„*Die meisten von ihnen [...] quälten und betrogen uns wie die SS, nur um kleine persönliche Vergünstigungen*[131] *zu erhalten.*"[132]

[131] „*advantages*"
[132] „Report of the Communist Meeting at Veitshöchheim on October 4th 1945", S. 3, BayHStA, OMGUS CO 443/1 BayHStA, OMGUS CO 443/1

Abb. 5 – Gedenkstätte Buchenwald, Wachturm

Demgegenüber hatten die politischen Häftlinge in Buchenwald illegale Strukturen aufgebaut, ihr Verhalten war von Solidarität geprägt. Im Dezember 1938 war es im Lager gelungen, die „Berufsverbrecher" aus den Lagerfunktionen zu verdrängen und diese mit „Roten" zu besetzen.

Die KPD verfügte im KZ Buchenwald über eine illegale Organisation.[133] Zu ihren aktiven Kadern, dem „Parteiaktiv", gehörte Konrad Försch.[134] Darüber hinaus war er aktiv am Widerstand beteiligt, der vom Internationalen Lagerkomitee organisiert wurde. Die Bandbreite der Widerstandtätigkeit des Lagerkomitees reichte vom Abhören von SS-Nachrichten, Sabotage bis zur Beschaffung von Waffen, die dann 1945 die Selbstbefreiung der Gefangenen möglich machte.

Solidarische Hilfe half den Häftlingen, zu überleben. In diesen Zusammenhang dürfte auch die Bemerkung in Konrad Förschs Krankenblatt *„Darf Lederschuhe tragen"* [135] zu stellen sein, denn viele Gefangene trugen zur Arbeit untaugliche Holzschuhe. Wer bei der Arbeit zurückblieb, stand in ständiger Gefahr, von einem SS-Aufseher ermordet zu werden.

Konrad Förschs Zuteilung zum Arbeitskommando Wäscherei wird von Förschs Mitgefangenen Walter Oelschlegel ausdrücklich damit begründet, dass man den Gefährdeten dadurch schützen konnte.[136] Die Häftlings-Wäscherei hatte

---

[133] Internationales Buchenwald-Komitee, Komitee d. Antifaschistischen Widerstandskämpfer der DDR (Hrsg.): Buchenwald – Mahnung und Verpflichtung, Kongress-Verlag, Berlin (Ost), 1960, S. 315 f.

[134] Mitgliederliste Parteiaktiv der KPD, April 1945, Archiv der Gedenkstätte Buchenwald, 71-2-21

[135] Krankenblatt Konrad Försch aus dem KZ Buchenwald, BayHStA LEA 11627

[136] Biographie Walter Oelschlegel, S. 8; Archiv der Gedenkstätte Buchenwald, 52-11-663

nicht nur die Aufgabe, die Kleidungsstücke der Gefangenen und SS-Männer zu waschen, sie erhielt auch die Wäsche der in Auschwitz und Lublin Ermordeten, *„oft durch Blut kaum noch als Wäsche erkennbar, viele Wäschestücke durch Kugeleinschüsse gekennzeichnet, zerrissen und zerfetzt, von Läusen zerfressen."*[137]

Im März 1942 gelang es den „Grünen" durch Intrigen, die Lagerfunktionen wieder von der SS zu erhalten und den „Roten" zu entreißen. Etwa hundert politische Häftlinge, unter ihnen Konrad Försch, wurden in eine Sonderabteilung, die ein Todeskommando darstellte, überliefert.[138]

7.   Überlebenskampf in der Sonderabteilung

Die Überlebensbedingungen in der Sonderabteilung glichen denen des Strafkommandos. Das hieß: sieben Tage in der Woche, ohne freien Sonntag, härteste Arbeit im Steinbruch, täglich zwölf Stunden, dazu noch drei bis vier Stunden Arbeit in der Gärtnerei, mittags nur eine halbe Stunde Pause ohne Essen und Trinken. Die Häftlinge mussten, so Försch, *„bei Regen und Schnee in unserem dünnen Leinenzeug arbeiten. Unser Drillichzeug (sic!) das wir anhatten, wurde bei Regenwetter überhaupt niemals trocken."*[139]

Essensentzug und Schläge waren an der Tagesordnung, Gefangene wurden willkürlich von SS-Schergen ermordet.[140] *[Steinbruch!] Das war gleichbedeutend mit Tod, Totschlag und sadistischen Quälereien"*, so ein anonymer Häftlings-

---

[137] Oelschlegel, a. a. O., S. 6 (Zitat), Bericht von Baptist Feilen, Hackett, a. a. O., S. 217 f.
[138] Oelschlegel, a. a. O., S. 9, Hackett, a. a. O., S. 97 f.
[139] Zeugenaussage Konrad Försch vor dem Amtsgericht Würzburg, 02.07.1954, BayHStA LEA 11627
[140] Bericht von Max Pabst, Hackett, a. a. O., S. 270 f.

Bericht.[141] Konrad Försch rückblickend: *„Wir mussten dort große Steine aus dem Steinbruch heraustragen. Wenn man einmal mit einem etwas kleineren Stein ankam wurde man geschlagen und zurückgejagt."[142]*

Nur dadurch, dass Gefangene außerhalb der Sonderabteilung ihre kargen Essensrationen mit ihren Kameraden teilten, gelang es Vielen, durchzuhalten; Heinrich Müller, Genosse und Mitgefangener von Försch und 1945-1952 KPD-Stadtrat in Würzburg, berichtete: *„Wir waren etwa 10 Kameraden aus der Würzburger Gegend. Um den Gesundheitszustand von Herrn Försch wieder etwas zu heben gab ihm jeder von uns von der tägl. Brotration ein Stückchen ab."[143]*

Zu den schlimmsten Verbrechern gehörten die SS-Ärzte: *„In ärztliche Behandlung konnte man sich niemals begeben. Wenn sich Angehörige der Strafkompagnie ins Revier begeben hätten, wäre dies gleichbedeutend mit dem Tod gewesen."[144]* Die SS-Ärzte führten an den Gefangenen medizinische Experimente durch. Auch an Konrad Försch experimentierten sie. Am 17. April 1942 wurde er, obwohl in dieser Hinsicht völlig gesund, an den Venen operiert: *„Die Operation erfolgte in der Weise, dass man mir die Oberschenkel aufschnitt und die Hauptadern durch trennte bzw. abschnitt."* Försch spürte sein Leben lang die Folgen dieser Zwangsoperation.[145]

---

[141] Bericht von Baptist Feilen, Hackett, a. a. O., S. 219
[142] Zeugenaussage Konrad Försch vor dem Amtsgericht Würzburg, 02.07.1954, BayHStA LEA 11627
[143] Zeugenaussage Heinrich Müller vor dem Amtsgericht Würzburg, 20.07.1954, BayHStA LEA 11627
[144] Zeugenaussage Konrad Försch vor dem Amtsgericht Würzburg, 02.07.1954, BayHStA LEA 11627
[145] Auszug aus dem Dienstbuch des Häftlings-Krankenbaues, Zeugenaussage Konrad Försch vor dem Amtsgericht Würzburg, 02.07.1954, BayHStA LEA 11627

Konrad Försch überlebte die Ruhr, die fürchterliche Lager-
seuche, unter der er sechs Wochen lang litt, und entging
auch in Buchenwald dem „Baumhängen" nicht: Zweimal
wurde er für je zwei Stunden aufgehängt, dabei in die Ge-
schlechtsteile geschlagen.[146]

Es gelang Konrad Försch, die Strafkompanie zu überstehen,
bis der Kampf um die Funktionen wieder zugunsten der
Politischen entschieden war und die Sonderabteilung nach
zwei Monaten im Mai 1942 wieder aufgelöst wurde.

8. Eine Familie wird zerstört

Als Konrad Försch Anfang 1946 über die deutschen Frauen
sprach, mag er dabei an seine Frau Maria gedacht haben:
*„Wir haben großen Respekt vor allen Frauen, die all die
Jahre hinweg treu[147] blieben. Wir haben großen Respekt vor
allen Frauen, die sich ihren Lebensunterhalt und den Lebensunterhalt ihrer Kinder verdienen müssen. Wir werden
wahre Kameraden in den Familien sein."[148]* Maria Försch
teilte die politischen Überzeugungen ihres Ehemanns und
war bereits vor 1933 Mitglied der KPD.[149] Die Aufgabe,
sich und die Kinder zu ernähren, während ihr Mann im
Zuchthaus und KZ eingesperrt war, war keine leichte Aufgabe für sie. Konrad Förschs kleine Kriegsopfer-Rente war
ihm von den Nazis aberkannt worden.

---

[146] Medizinische Poliklinik der Universität Würzburg, Dr. W. Börner:
Fachärztliches Gutachten über Konrad Försch, 20.01.1956, BayHStA
LEA 11627
[147] *„truthfull"*
[148] „Meeting of the Communist Party in Waldbüttelbrunn on 20.1.46" by
van St., S. 1, BayHStA, OMGUS CO 443/1
[149] Mitgliederlisten der KPD Würzburg in BayHStA, OMGUS CO
443/1

1941 starb Förschs Tochter, die 11-jährige Eleonore, an Hirnhautentzündung. [150] Konrad Försch hatte sein Kind wahrscheinlich zum letzten Mal im Frühjahr 1939 gesehen, als ihn Eleonore als Erstkommunionkind im Würzburger Gefängnis besuchen durfte. [151] Dass die Tochter des Freidenkers Försch die katholische Erstkommunion erhielt, dürfe darauf zurückzuführen sein, dass Maria der Kirche noch nicht den Rücken gekehrt hatte. [152]

Wie mag sich der Kommunist Försch gefühlt haben, als seine Söhne zu Hitlers Wehrmacht eingezogen wurden und diese Wehrmacht die Sowjetunion, das „Vaterland aller Werktätigen" überfiel? Richard Försch, der 24-jährige älteste Sohn, fiel bereits zu Beginn der deutschen Offensive am 23. Oktober 1941 in der Ukraine bei Juschuni. Seine sterblichen Überreste konnten vom Volksbund Deutsche Kriegsgräberfürsorge nicht geborgen werden. Daher ist lediglich sein Name im Gedenkbuch des Sammelfriedhofs in Kirowograd verzeichnet. [153]

Auch der zweite Sohn, Max, fiel als Soldat der Wehrmacht, 21-jährig im Jahr 1943, „im Osten". Näheres ist nicht bekannt. [154]

---

[150] Medizinische Poliklinik der Universität Würzburg, Dr. W. Börner: Fachärztliches Gutachten über Konrad Försch, 20.01.1956, BayHStA LEA 11627; Aufstellung über Bestattungen, Friedhofsverwaltung Würzburg

[151] Versicherung an Eidesstatt Therese Rathgeber, 29.01.50, BayHStA, LEA 11627

[152] Auf der 1949 ausgestellten Nachschrift der Heiratsurkunde von Konrad und Maria Försch ist der Vermerk „katholisch" bei beiden Eheleuten durchgestrichen, woraus zu schließen ist, dass Maria zu diesem Zeitpunkt ebenfalls aus der Kirche ausgetreten war.

[153] http://www.volksbund.de/index.php?id=1775&tx_igverluste_pi2[gid]=dfac1634eac30ed26fa4097037dbbe20

[154] Medizinische Poliklinik der Universität Würzburg, Dr. W. Börner: Fachärztliches Gutachten über Konrad Försch, 20.01.1956, BayHStA LEA 11627; Aufstellung über Bestattungen, Friedhofsverwaltung

Nachdem drei seiner vier Kinder gestorben waren, erhielt Konrad Försch zweimal „Urlaub" von der KZ-Haft, zunächst zwei Wochen vom 28. März bis 10. April 1944, dann vom 2. Juli 1944 bis Neujahr 1945. „Urlaub" hieß, sich täglich bei der Gestapo zu melden.[155] Da die deutschen Männer an die Front geschickt waren, bestand Mangel an Arbeitskräften. Der „Gefangene auf Urlaub" arbeitete daher als Bäckermeister bei der Bäckerei Wimmer in der Poststraße und der Bäckerei Fleischmann in der Erthalstraße, bis er wieder in Buchenwald eingeliefert wurde.[156]

Maria Försch überlebte den Bombenangriff vom 16. März 1945, die Familie verlor aber ihr gesamtes Hab und Gut.[157] Ausgebombt, drei von vier Kindern tot, der Vater im KZ – eine Familie, vom Hitler-Faschismus zerstört.

9.   SS-Terror und Widerstand

Nach 1945 konnte Konrad Försch eine Reihe von Gräueltaten an anderen Häftlingen bezeugen. In einer Rede erwähnte er beispielsweise die Fuhrkolonne, die aus 130 jüdischen Häftlingen bestand: *„Anstatt ihnen Pferde zu geben spannten sie Juden vor die Wagen[158] und zwangen sie durch unmenschliche Schläge den ganzen Tag schwer beladene Wagen in vollem Tempo einen Hügel hinaufzuziehen."[159]*

Würzburg. Recherchen beim Volksbund deutscher Kriegsgräberfürsorge blieben ergebnislos.

[155] Konrad Försch an Landesentschädigungsamt, 19.05.1954, BayHStA, LEA 11627

[156] Konrad Försch an Landesentschädigungsamt, „Betrifft: Schäden am beruflichen Fortkommen", 16.02.1960. BayHStA, LEA 11627

[157] Antrag Konrad Försch beim Landesentschädigungsamt, 09.05.1950, LEA 11627

[158] *„put to the cars"*

[159] „Report of the Communist Meeting at Veitshöchheim on October 4th 1945", S. 3 f., BayHStA, OMGUS CO 443/1 vgl. anonymer Bericht

Bei einem weiteren Vorfall dürfte es sich um die im Buchenwald-Report geschilderte Einlieferung zweier katholischer Priester aus Maria Laach handeln. Da sie den Hitler-Gruß verweigert hatten, wurden sie gezwungen, einen ganzen Tag lang vor einer SS-Mütze auf- und ab zu marschieren und die Mütze mit Hitler-Gruß zu grüßen. Försch berichtete ergänzend, dass die Pfarrer splitternackt ausgezogen wurden und so, mit schweren Steinen beladen, durch das ganze Lager geführt wurden.[160]

Im November 1939 war ein für die SS bestimmtes Mastschwein angeblich gestohlen worden. Die Lagerleitung ließ das gesamte Lager auf dem Appellplatz antreten, wo die Gefangenen in ihrer dünnen Kleidung achtundvierzig Stunden im Regen stehen mussten. Danach erhielten sie, während sie weiterarbeiten mussten, fünf Tage kein Essen. 105 Häftlinge überlebten diese Tortur nicht. Es war, wie Konrad Försch berichtet, dem Wirken der illegalen Widerstandskämpfer zu verdanken, dass es nicht noch mehr Tote gab, denn in der Nacht „ernährten wir uns mit Sirup, den wir aufbewahrt hatten."[161]

Das „Organisieren" von Zusatzverpflegung für die Häftlinge dürfte in der Häftlings-Kantine erfolgt sein, einer Einrichtung, die dazu diente, denjenigen Häftlingen, die von ihren Familien mit Geld unterstützt wurden, zu Wucherpreisen Lebensmittel und Zigaretten zu verkaufen.[162]

---

in Hackett, a. a. O., S. 224 f.
[160] „Report of the Communist Meeting at Veitshöchheim on October 4th 1945", S. 4, BayHStA, OMGUS CO 443/1 Bericht von Josef Schappe in Hackett, a. a. O., S. 193
[161] „Report of the Communist Meeting at Veitshöchheim on October 4th 1945", S. 4, BayHStA, OMGUS CO 443/1 Bericht von Jaro Schaffer, Buchenwald-Komitee, a. a. O., S. 108
[162] Hackett a. a. O., S. 79, S. 160 f. (Bericht von Carl Gärtig)

Diesem Kommando gehörte Konrad Försch nach der Auflösung der Sonderabteilung im Mai 1942 an. Die Häftlings-Kantine war Teil der Widerstandsorganisation, organisierte beispielsweise die Zusammenarbeit von deutschen und sowjetischen Gefangenen, *„ein treuer Gen[osse] leitete über das Kommando hinaus die Ausbildung militärischer Kader."* Carl Gärtig, von dem dieser Bericht stammt, informiert auch über die Tätigkeit von Konrad Försch in der Widerstandsgruppe; er hatte, zusammen mit einem sowjetischen Kommunisten namens „Wassili" die Kantinenwache übernommen, also die überlebenswichtige Aufgabe, das illegale Tun vor der SS abzusichern: *„Konrad Försch hat das Kommando vor manchen Überraschungen vor der (sic!) SS uns bewahrt. Treu bis zu Selbstaufgabe."*[163]

Beim Heranrücken der US-Armee am 11. April 1945 gelang den Widerstandskämpfern die Selbstbefreiung des Lagers. Konrad Försch gehörte zu den 21.000 Überlebenden, die am 19. April 1945 den „Schwur von Buchenwald" ablegten: *„Wir stellen den Kampf erst ein, wenn auch der letzte Schuldige vor den Richtern der Völker steht. Die Vernichtung des Nazismus mit seinen Wurzeln ist unsere Losung. Der Aufbau einer neuen Welt des Friedens und der Freiheit ist unser Ziel."*[164]

---

[163] Carl Gärtig: Zusammenarbeit zwischen sowj. und deutschen Häftlingen in Buchenwald, Archiv der Gedenkstätte Buchenwald 31/350
[164] Buchenwald-Komitee, a. a. O., S. 563 f.

IV. Demokratischer Wiederaufbau (1945 bis 1947)

1. *„An allen Ecken und Enden roch es nach Leichengift…"* – Das Totenbergungskommando

Als Konrad Försch am 16. Mai 1945 nach Würzburg zurückkehrte, kam er in eine völlig zerstörte Stadt. Am 16. März hatte ein britischer Bombenangriff mit Spreng- und vor allem Brandbomben die Stadt in Schutt und Asche gelegt, 80 % der Gebäude waren völlig oder schwer zerstört, nur noch 7.000 von 28.000 Wohnungen bewohnbar. 5.000 Todesopfer waren zu beklagen. Als die US-Armee am 1. April Würzburg erreichte, leisteten fanatische Nazisoldaten erbitterten Widerstand, der erst nach sechstägigen Straßenkämpfen gebrochen worden konnte. Auf deutscher Seite sollen 1.000 Wehrmachtssoldaten und Waffen-SS-Männer gefallen sein.[165]

Zahllose Leichen lagen noch unter Schutt und Trümmern und begannen zu verwesen. Konrad Försch griff sofort ein: *„An allen Ecken und Enden roch es nach Leichengift, so dass ich mir sagte, hier muß unbedingt etwas geschehen, um die Toten aus den Kellern und zusammengefallenen Häusern herauszuholen; da der Sommer nahte, steigerte sich überdies die Seuchengefahr."*[166] Försch wurde von der kommissarisch eingesetzten Stadtverwaltung mit der Leitung eines „Totenbergungs- und Arbeitskommandos" betraut und barg mit seinen Arbeitern 500 Tote aus den Ruinen, dies unter primitivsten Bedingungen. In einem Bericht heißt es: *„Mit Kerzenstumpen wurden die vom Brand noch heißen Keller*

---

[165] Meier, a. a. O., S. 5
[166] Bericht Konrad Försch über das Totenbergungs- und Arbeitskommando, in: Oppelt, a. a. O., S. 201 ff.

abgeleuchtet und nach Toten durchsucht."[167] Dabei wurden am manchen Stellen bis zu 50 verbrannte Leichen gefunden, so in der Randersackerer- und heutigen Friedrich-Spee-Straße, der Kaserne Weißenburgstr., dem Alten Gymnasium, dem Ferdinandeum.[168] Konrad Försch berichtet emotionslos über die Bergungsarbeiten, doch der Chronist der „Würzburger Chronik" erwähnt, dass die Totenbergung wegen des *„starken Verwesungsprozesses [...] oft nur unter der Einwirkung von Alkohol"* durchgeführt werden konnte.[169]

2. „ *...noch nicht gelungen einen einzigen Lastwagen zu bekommen"* – Die Trümmerräumung

Nachdem diese dringendste Aufgabe gelöst war, blieb Konrad Försch weiterhin für die Stadt tätig - bis Februar 1946, als er eine andere Aufgabe übernahm.[170] Hauptaufgabe seines Kommandos war jetzt die Schutträumung, wobei alle wieder verwertbaren Baustoffe gesammelt wurden. Aber auch vom Freischaufeln von Kanälen, Pflege der städtischen Weinberge und Versorgung der Bevölkerung mit Brennholz, das durch Baumfällen im Spessart gewonnen wurde ist die Rede.[171] Neben dem Kommando Försch arbeitete ein eigenes „Einreißkommando", das baufällige Ruinen niederlegte. Als Leiter dieses Kommandos wird ein Herr Ries (sic!) genannt, wohl Förschs späterer Geschäftspartner Isidor Rieß.[172]

---

[167] Bericht der Stadtverwaltung Würzburg zum Bestattungswesen, undatiert [ca. 1948], StadtAW EAPL I neu 1737
[168] Försch, a. a. O., S. 201
[169] Oppelt, a. a. O., S. 200 f. (Fußnote 2)
[170] Protokoll der Sitzung der Referenten und Bezirksbürgermeister vom 25.2.1946, StadtAW
[171] Försch, a. a. O., S. 201 f.
[172] Protokoll der Sitzung des Stadtbeirates, 22.11.1945, S. 22, StadtAW

Problematisch war die Frage der Arbeitskräfte, die in großer Zahl benötigt wurden, aufgrund des Ausmaßes der Zerstörungen und des Fehlens technischer Hilfsmittel. Noch Ende Oktober 1945 musste Konrad Försch feststellen: *„Es ist noch nicht gelungen einen einzigen Lastwagen zu bekommen, um den Schutt wegzubringen."*[173]

Zunächst waren ehemalige Nazis für die Arbeiten verpflichtet worden, deren Vorarbeiter antifaschistische Überlebende des Nazi-Terrors waren. *„Es war selbstverständlich"*, so die Zeitung „Main-Post", *„dass man ... die Parteigenossen als die für das Elend und die Schäden Mitverantwortlichen zu dieser dringenden Aufgabe heranzog."*[174] Bei der Schwere der Arbeiten war unterschieden worden, ob es sich um hochrangige und besonders aktive Nazis gehandelt hatte oder um „Mitläufer",[175] wobei der Grundsatz galt: *„Der Leiter des Bergungskommandos hat von Anfang an die Auffassung vertreten, daß die zur Pflichtarbeit herangezogenen Parteigenossen menschlich und anständig behandelt werden müssen, da ein großer Teil von ihnen ja nur den jahrelangen nazistischen-militaristischen Einflüssen und Propagandamethoden der Hitlerverbrecher erlegen ist."*

Doch diese Zwangsarbeit konnte keine Dauerlösung sein, was auch Konrad Förschs Meinung war: *„Auch der bisherige Leiter des Bergungskommandos, Herr Försch, lehnt es ab, noch weiterhin Sklavenhalter zu sein."* [176] Es war aber nicht einfach, Alternativen zu finden: einen Vorschlag des Arbeitsamtes, alle Beschäftigten für wöchentlich vier Stunden zum Schuträumen abzustellen, lehnte der Stadtbeirat ab. Stattdessen wollte man auf Vorschlag des Beauftragten für

---

[173] Protokoll der Sitzung des Stadtbeirates, 30.10.1945, S. 8, StadtAW
[174] Main-Post, 15.12.1945
[175] Försch, a. a. O., S. 200 f.
[176] Protokoll der Sitzung des Stadtbeirates, 22.11.1945, S. 22, StadtAW

Wiederaufbau versuchen, die Räumkommandos mit festangestellten bezahlten Arbeiterinnen und Arbeitern zu besetzen.[177]

Dies scheiterte. So wurde der „Ehrendienst" eingeführt, eine Verpflichtung sämtlicher Einwohner Würzburgs zwischen 14 und 65 Jahren sowie der Einwohnerinnen von 16 bis 45 Jahren acht Stunden pro Zuteilungsperiode von Lebensmittelmarken Schutt zu räumen. Nichtteilnahme sollte mit Entzug der Lebensmittelmarken sanktioniert werden. Konrad Försch stand voll und ganz hinter dieser Regelung: *„Wir stehen vor der Alternative, endlich in Würzburg etwas zu schaffen. Das Arbeitsamt kann keine anderen Arbeitskräfte auftreiben, also bleibt kein anderer Ausweg..."* [178] Daneben begrüßte Försch aber auch die Beteiligung privater Unternehmer bei der Trümmerräumung: *„Es können gar nicht genug Privatunternehmer eingeschaltet werden."*[179]

Bei Teilen der Bevölkerung stieß die Zwangsverpflichtung zum Schuttraumen auf wenig Gegenliebe. In der Presse wurden Oberbürgermeister und Stadtbeirat scharf attackiert.[180] Für solche destruktive Kritik hatte Konrad Försch keinerlei Verständnis: *„Die Meckerer, die nichts tun, gehören durch die neue Methode jetzt erfaßt. [...] Es ist für jene Leute, die hintenherum meckern, weil sie Angst haben, auch einmal eine Schippe in die Hand zu nehmen, angebracht zu sagen, daß es ihnen gut tut, einmal mit der Hand zu arbeiten und nicht nur die kleinen dummen Teufel."* Zugleich forderte er, dass Stadtverwaltung und Stadtbeirat mir gutem Beispiel vorangingen und konnte sich auch für die Pressevertreter etwas Sinnvolleres vorstellen, als die Stadt zu kritisieren:

---

[177] Protokoll der Sitzung des Stadtbeirates, 22.11.1945, S. 22, StadtAW
[178] Protokoll der Sitzung des Stadtbeirates, 13.12.1945, S. 43, StadtAW
[179] Protokoll der Sitzung des Stadtbeirates, 21.02.1946, S. 58, StadtAW
[180] Main-Post, 24.12.1945, 05.01.1946

„Er wiederholt deshalb seinen schon gemachten Vorschlag und erweitert ihn heute auf den ganzen Stadtrat: Der Oberbürgermeister und der ganze Stadtrat schaffen geschlossen in einer bestimmten Straße, damit die Öffentlichkeit sieht, daß es nicht nur um Worte, sondern um Arbeit geht. [...] Försch würde sich freuen, wenn die Herren der Presse in seinem Arbeitskommando neben dem Stadtbeirat mitschippen um schätzen zu lernen, was eine fruchtbringende Arbeit bedeutet. "[181]

Im Januar 1946 ergriff dann die KPD die Initiative, um die Trümmerbeseitigung zu beschleunigen. Sie rief zu freiwilligen Räumaktionen auf, an denen sich jeweils über 300 Menschen beteiligten.[182] Die Leitung bei diesen Aktionen dürfte Konrad Försch gehabt haben, war er doch Fachmann für diese Aufgabe; auch zeigt ihn ein Foto, wie er, auf erhöhter Position stehend zu den Teilnehmern spricht bzw. Anweisungen gibt.[183]

Nachzutragen ist noch, dass sich die KPD nicht damit zufrieden gab, Schutt zu räumen: Im September 1946 war sie dabei, eine Wohnanlage in der Hartmannstraße wieder aufzubauen und rief Maurer, Zimmerer und Bauarbeiter zur Mitarbeit auf.[184]

Offensichtlich gab es Menschen in Würzburg, denen nicht passte, dass die Kommunisten den Wiederaufbau Würzburgs voranbringen wollten. Die Plakate, die für die Raumaktion warben wurden mit Zetteln *„verschoben"* überklebt oder

---

[181] Protokoll der Sitzung des Stadtbeirates, 10.01.1946, S. 51, StadtAW
[182] Main-Post, 26.01.1946, Protokolle der Sitzungen der Referenten und Bezirksbürgermeister vom 05.02.1946 und 25.02.1946, S. 156, S. 180, StadtAW; Main-Post 20.02.1946
[183] Rockenmaier, a. a. O., s. 202, Abbildung oben. Die Legende erwähnt nicht, dass es sich um die Schutträumaktion der KPD handelt, doch geht dies aus den im Bild gezeigten KPD-Plakaten eindeutig hervor.
[184] Main-Post, 11.09.1946

abgerissen. Försch: „*Es sind Kräfte am Werk, die den Wiederaufbau sabotieren.*"[185]

3. „*Als Vertreter der KPD*" – Im Stadtbeirat 1945/ 1946

Im September 1945 war mit Genehmigung der Besatzungsmacht ein Stadtbeirat mit beratender Funktion gebildet worden, ein Vorläufer des Stadtrates, dem neben den städtischen
Amtsleitern und Bezirksbürgermeistern je fünf Mitglieder
von CSU und SPD, drei Vertreter von Religionsgemein-
schaften und zwei Kommunisten angehörten, ab Okto-
ber/November 1945 noch als Frauenvertretung eine CSU-
Frau und eine Sozialdemokratin.

Für diesen Beirat hatte die KPD neben Hermann Müller
Försch nominiert, dann aber zugunsten von Heinrich
Schmitt zurückgezogen.[186] Da Schmitt aber zum bayerischen Staatsminister für Sonderaufgaben, sprich Entnazifizierung ernannt wurde[187], rückte Konrad Försch ab der
zweiten Sitzung (30.10.1945) in den Stadtbeirat nach und
übernahm den Fraktionsvorsitz der KPD.[188] Er gehörte auch
mehreren Fachausschüssen (Beiräten) an: dem Baubeirat,
Wirtschaftsbeirat, Fürsorgebeirat sowie dem Verwaltungsrat
der Sparkasse.[189]

Nach der Überlieferung in der Familie soll Konrad Försch

---

[185] Protokoll der Sitzung des Stadtbeirates, 21.02.1946, S. 58, StadtAW
[186] Aktenvermerk Oberbürgermeister Pinkenburg, „*Betr: Berufung von
Beiräten*", 12.9.45, StadtAW, EAPL I HG 0, AZ 024/24
[187] Biographie von Heinrich Schmitt in: http://de.wikipedia.org/wiki/
Heinrich_Schmitt
[188] Protokoll der Sitzung des Stadtbeirates, 22.11.1945, S. 22, StadtAW
[189] Aktenvermerk Oberbürgermeister Pinkenburg, „*Betr: Bildung von
Beiräten*", 12.01.1946, StadtAW, EAPL I HG 0, AZ 024/24,
Protokoll der Sitzung des Stadtbeirates, 13.12.1945, S. 43, StadtAW

damals von der Stadt ein Baugrundstück als Geschenk angeboten worden sein, das er ablehnte, da „*ein KPD-Mann keinen Grundbesitz benötigt und er dieses mit seinem Gewissen gegenüber der Allgemeinheit nicht verantworten kann.*"[190]

Bau- und Wirtschaftsthemen galt Förschs besonderes Augenmerk. Wie andere Beiräte hielt er eine Stadtbau-GmbH für den Wiederaufbau der Stadt dringend notwendig und plädierte zudem für eine Produktiv-Genossenschaft.[191]

Konrad Försch griff im Stadtbeirat das Problem auf, dass Ausgebombte, befreite Zwangsarbeiter, Flüchtlinge in großer Zahl nach Würzburg kamen oder zurückkehrten: „*Als Vertreter der KPD. fragt er, warum man 30.000 Menschen zu viel nach Würzburg hereingelassen hat.*"[192] Zuzugsregelungen standen jedoch außerhalb der Befugnisse dieses beratenden Gremiums.

Im Dezember 1945 ging es um die Errichtung eines Kaufhauses. Die Kölner Kaufhalle plante die Errichtung einer Filiale in Würzburg, wogegen sich Einzelhändler, aber auch SPD und CSU wandten. Försch dagegen plädierte „*für die Zulassung der Kaufhalle. Nach seiner Meinung sind die kleinen Würzburger Krämer kaum in der Lage, Waren hereinzubekommen. Sie haben keine Wagen und verfügen nicht über größere überörtliche Verbindungen usw. Wenn etwas nach W[ürzburg] hereinkommen kann, dann sollte man das freudig begrüßen...*" Der Beirat beschloss dann einstimmig, zu empfehlen, einheimische Händler sollten sich zusammenschließen, um ein Kaufhaus zu gründen. Die Kaufhalle solle kommen, wenn eine einheimische Kaufhaus-Gründung

---

[190] Hermann Försch an den Verfasser, 27.11.2012
[191] Protokoll der Sitzung des Stadtbeirates, 30.10.1945, S. 8, StadtAW
[192] Protokoll der Sitzung des Stadtbeirates, 30.10.1945, S. 8, StadtAW

nicht zustande käme. Aufgrund einer Anweisung des Landeswirtschaftsamtes kam es dann nicht zur Ansiedlung der Kaufhalle.[193]

Mit dem Ablauf der Tätigkeit des Stadtbeirats im Mai 1946 endete Konrad Förschs kommunalpolitische Tätigkeit: Bei der Stadtratswahl am 26. Mai 1946 wurde er auf Platz drei der KPD-Liste in den Stadtrat gewählt, nahm das Mandat aber nicht an. Sicher auch aufgrund des Engagements von Konrad Försch erzielte die KPD ein gutes Wahlergebnis: Über 2.000 Würzburger wählten Kommunisten, was einen Prozentsatz von 7,8 % und drei Stadtratssitze ausmachte.[194]

4. ***„Wir Kommunisten sollten stolz sein, mit den anderen Parteien zusammenzuarbeiten"*** **– Lehren aus der Geschichte**

Gleichzeitig mit der Arbeit bei der Schutträumung und im Stadtbeirat war Konrad Försch in ganz Unterfranken unterwegs, um für die KPD zu werben. Ein Bericht der US-Militärregierung nennt ihn *„einen der Hauptredner"* der Partei.[195] Tatsächlich ist die Bilanz beeindruckend: Försch sprach am 15. September 1945 in Marktheidenfeld, am 04. Oktober in Veitshöchheim vor 200 Zuhörern, an nächsten Tag (05. Oktober) in seinem Geburtsort Thüngersheim, am 12. Oktober in Reichenberg, am 02. November vor 75 Menschen in Unterdürrbach. Am 03. November war er einer der

---

[193] Protokolle der Sitzungen des Stadtbeirates 13.12.1945 und 10.01. 1946, S. 44 f., S. 51, StadtAW

[194] Die weiteren Wahlergebnisse: CSU 40,4 % (17 Sitze), Wählergemeinschaft Wiederaufbau Würzburg (WWW) 32,6 % (13), SPD 19,2 % (8). Amtliche Mitteilungen für den Stadtkreis Würzburg, Wurfzettel Nr. 255, 17.5.46, Wurfzettel Nr. 262, 26.5.1946, StadtAW

[195] Major John P. Bradford, MGO, Political Activity Report No. 4, 07.11.1945, BayHStA, OMGUS CO 443/1

Redner einer Großkundgebung mit 3.000 Teilnehmern in Würzburg. Am 8. Dezember 1945 redete er vor 50 Menschen in Hettstadt.[196]

Im Jahr 1946 fanden die ersten Wahlen nach der Befreiung vom Naziregime statt, vier an der Zahl: Zunächst im Januar Gemeindewahlen, im Mai folgte die Würzburger Stadtratswahl, bei der Konrad Försch auf Listenplatz drei kandidierte, im Juli die Wahl zur Verfassunggebenden Landesversammlung, im Dezember die Landtagswahl, bei der Försch auf dem zweiten Platz der unterfränkischen KPD-Liste antrat.[197]

Entsprechend oft war er als Redner gefordert: Am 20. Januar 1946 kamen 300 Zuhörer zu Förschs Kundgebung in Waldbüttelbrunn. Am gleichen Tag nachmittags hatte er in Rimpar gesprochen, am Tag zuvor in Höchberg.[198] Weitere Reden hielt Konrad Försch am 01. März in Würzburg (*„Unsere Aufgaben"*), Unterpleichfeld (06. April), am 03. Mai sprach er in Schweinfurt über das Thema: *„Ohne Säuberung kein Aufbau".* Es folgten Heidingsfeld (25. Mai und 21. Juni) und am 29. Juni wieder Würzburg.[199]

Da in Akten der Militärregierung Notizen über die Inhalte einiger von Förschs Reden, von zweien sogar vollständige amerikanisch-englische Übersetzungen überliefert sind, können einige Hauptgedanken skizziert werden.

„Es ist unmöglich, über den Wiederaufbau des deutschen Staates und der deutschen Demokratie zu sprechen, ohne die

---

[196] Berichte der US-Militärregierung, BayHStA, OMGUS CO 443/1; Marktheidenfelder Mitteilungsblatt für den Markt Marktheidenfeld und den Landkreis, 18.09.1945

[197] Spitzenkandidat war Heinrich Schmitt; Main-Post 20.09.1946

[198] Main-Post, 19.01.1946; „Meeting of the Communist Party in Waldbüttelbrunn on 20.1.46" by van St., S. 1, BayHStA, OMGUS CO 443/1

[199] Main-Post 27.02.1946, 06.04.1946, 04.05.1946, 22.05.1946, 19.06.1946, 26.06.1946

Zeit von 1918 bis 1933 zu erwähnen."[200] Mit diesen Worten begann Konrad Försch seine Rede am 20. Januar 1946 in Waldbüttelbrunn. Er verglich das Kriegsende 1918 mit der Kapitulation 1945. Damals hätten die Führer das Volk mit der „Dolchstoßlegende" getäuscht. Dieser *„deutsche Mythos"*, so Försch, hätte sich fatal ausgewirkt, indem der Militarismus weiter fortwirkte, während die Linke, die angeblich der „im Felde unbesiegten deutschen Armee" in den Rücken gefallen sei, verteufelt wurde. In der Folge seien Rosa Luxemburg und Karl Liebknecht ermordet worden, der Notverordnungs-Paragraph § 48 sei einseitig gegen links gewendet worden, während man Hitler gewähren ließ. Inflation und Arbeitslosigkeit seien – gemeint wohl durch das kapitalistische Wirtschaftssystem- *„künstlich gemacht worden."*[201]

Als 1932 Hitler, Hindenburg und Thälmann für das Amt des Reichspräsidenten kandidierten, habe es geheißen: *„Wenn ihr Thälmann wählt, werdet ihr Hitler helfen, an die Macht zu kommen."* Hindenburg war es dann, der Hitler den Weg ebnete, während die KPD von Anfang gesagt hatte: *„Wer Hitler, wählt, wählt Krieg."*[202]

Hier klingt Kritik an der SPD an, die ja zur Wahl Hindenburgs aufgerufen hatte. Dagegen sei die KPD *„die einzige Partei"* gewesen, die *„die Rechte des Proletariats ehrlich und nachdrücklich"* vertreten habe.[203]

Trotzdem, dies ist für Konrad Försch eine Lehre aus der Geschichte vor 1933, müsse die Feindschaft zwischen KPD

---

[200] „Meeting of the Communist Party in Waldbüttelbrunn on 20.1.46" by van St., S. 1, BayHStA, OMGUS CO 443/1
[201] a. a. O., S. 1
[202] „Report of the Communist Meeting at Veitshöchheim on October 4th 1945", S. 1, BayHStA, OMGUS CO 443/1
[203] a. a. O.

78

und SPD überwunden werden. Nötig sei die *„Einheitsfront aller Arbeiter"*.[204] Konkreter Ausdruck der Einheitsfront sei die Verschmelzung von SPD und KPD zur Einheitspartei: *„Der Sozialismus wäre in Deutschland bereits erfolgreich gewesen, wenn nur die SPD endlich einsähe, dass nur eine Vereinigung der beiden großen Parteien Frieden für immer garantieren kann."*[205]

Auch auf Seite der Würzburger SPD war der Wille zur Einheit anfänglich vorhanden. So sagte ein Vertreter der Würzburger SPD, der als Gast an der KPD-Delegiertenkonferenz am 23. Dezember 1945 teilnahm, in seinem Grußwort, *„daß er den Tag herbeisehne, an dem die beiden Arbeiterparteien auch organisatorisch wieder eine Einheit herstellen werden, zum Wohle aller Werktätigen und des gesamten deutschen Volkes."*[206] Die KPD beschloss in ihrer Konferenz, Verhandlungen für eine gemeinsame KPD-SPD-Stadtratsliste zu führen. Zu einer gemeinsamen Liste kam es nicht, wohl aber traten die beiden Parteien im Mai 1946 mit einer Listenverbindung als Verbündete auf.[207]

Nach der Überzeugung von Försch war nicht nur die Zusammenarbeit von SPD und KPD, sondern aller Demokraten nötig, um die Demokratie aus dem Schutt des Naziregimes aufzubauen: *„Wir Kommunisten sollten stolz sein, mit den anderen Parteien zusammenzuarbeiten."*[208]

---

[204] „Meeting of the Communist Party in Waldbüttelbrunn on 20.1.46" by van St., S. 3, BayHStA, OMGUS CO 443/1

[205] „Report concerning the Meeting of the Communist Party on Saturday May 18th [1946], in the Stadthaus [Würzburg], [S. 3], BayHStA, OMGUS CO 443/1

[206] Main-Post 29.12.1945

[207] StadtAW, zeitgeschichtliche Sammlung (ZGS), „Kommunalwahl I 1870 - 1984"

[208] „Meeting of the Communist Party in Waldbüttelbrunn on 20.1.46" by van St., S. 3, BayHStA, OMGUS CO 443/1

Zu diesen Demokraten zählte Försch auch viele Geistliche, die *„die guten Ideen ihrer Religion nachdrücklich und selbstlos"* verträten. In den Konzentrationslagern seien sie *„immer gute Kameraden"* der Kommunisten gewesen: *„Wir schätzen sie sehr hoch und wollen mit allen Vertretern dieser Art von Christentum zusammenarbeiten."*[209]

Problematisch sah er dagegen Entwicklungen in der CSU: *„Dort [in der CSU] gibt es Reaktionäre und Monarchisten..."* Aber: *„Das vereinte arbeitende Volk wird solche Elemente zerschlagen*[210]*, wo immer sie den Kopf erheben."*[211]

Tatsächlich war die CSU, namentlich in Würzburg, aus sehr heterogenen Elementen zusammengesetzt. Beispielsweise gehörte zu ihren Gründern Vitus Heller[212], der in der Weimarer Zeit als Vorsitzender der „Christlich-Sozialen" eine Art „christlichen Kommunismus" vertreten hatte, von den Nazis ins KZ Dachau verschleppt worden war und auf der ersten Großkundgebung der CSU *„in erster Linie Enteignung des Großgrundbesitzes, Kontrolle des Staates über Großindustrie und Banken"* forderte.[213]

Auf der anderen Seite entschloss sich die US-Militärregierung im Juni 1946 zu dem spektakulären Schritt, ein vorübergehendes Tätigkeitsverbot über die Würzburger CSU zu verhängen, weil nachweislich mehrere ehemalige Nazis in die Partei aufgenommen worden waren.

Försch stand also mit seiner Kritik nicht isoliert da. So

---

[209] „Report of the Communist Meeting at Veitshöchheim on October 4th 1945", S. 3, BayHStA, OMGUS CO 443/1

[210] *„smash"*

[211] „Report concerning the Meeting of the Communist Party on Saturday May 18th [1946], in the Stadthaus [Würzburg], [S. 3], BayHStA, OMGUS CO 443/1

[212] http://de.wikipedia.org/wiki/Vitus_Heller

[213] Main-Post, 15.12.1945

schrieb die örtliche Tageszeitung „Main-Post": „*Es ist un-faßbar, daß Männer, in deren Hände die Verantwortung für den Aufbau eines neuen demokratischen Deutschland gelegt wurde, das ihnen gewährte Vertrauen in einer so gröblichen Weise mißbraucht haben. Der CSU-Vorstand, der 33er Pgs [...] in seine Partei aufgenommen [...] hat, hat damit be-wiesen, daß ihm die allererste Voraussetzung für die Be-trauung mit einer politischen Verantwortung fehlt, nämlich das Bewußtsein, daß unsere oberste Aufgabe die Reinigung Deutschlands von allen Resten des Nazismus und Militaris-mus ist.*"[214]

Wie dachte Konrad Försch über die Entnazifizierung, wie über die Chancen eines demokratischen Neuanfangs?

Zunächst soll eine heute eher befremdende Kritik erwähnt werden, die Försch im Zusammenhang mit Ausführungen zur Entnazifizierung übte. „*Wir werden nicht vergessen, dass viele deutsche Frauen die Mißhandlungen durch die Nazis so tapfer wie wir [Männer] ertrugen*", so Försch, doch meinte er auch, dass nicht wenige deutsche Frauen Hitler angehangen hätten. Ausgehend von dieser Feststel-lung kam er zu einer Kritik, die von Männern seiner Zeit vermutlich quer durch die politischen Lager breit geteilt worden sein dürfte. Er geißelte den Umgang deutschen Frauen mit Besatzungssoldaten: „*Sie können so viele Bei-spiele für die Zerrüttung der Moral dieser Art Frauen sehen, dass wir uns schämen müssen. [...] Es ist eine traurige Tat-sache, dass diese Beziehungen [...] ein gutes Familienleben ruinieren und in vielen Fällen später Scheidungen verursa-chen.*"[215] Harte Strafen forderte Konrad Försch für die füh-

---

[214] Main-Post, 05.06.1946
[215] „Report of the Communist Meeting at Veitshöchheim on October 4th 1945", S. 5, BayHStA, OMGUS CO 443/1
Interessant ist, dass der US-Berichterstatter des „Political Activities

renden Nazis und Militaristen. Würde man diese gerecht bestrafen, so wäre *„niemand von ihnen jetzt am Leben".* Nicht Todesstrafen, sondern Zwangsarbeit hielt er als Strafe für angemessen. Nötig sei dies auch, weil von den Nazis nach wie vor Gefahr ausgehe: *„Die großen Aktivisten und Militaristen müssen hart bestraft werden, sonst werden sie uns hängen."*[216] Dass einmal wieder ehemalige Nazis in hohe Positionen aufrücken würden und eine neue Kommunistenverfolgung begännen, konnte sich Försch 1946 sicherlich noch nicht vorstellen.

Eine Kollektivschuld der Deutschen lehnte er ab. Nicht alle Deutschen seien an den Verbrechen des Naziregimes beteiligt gewesen. Die Soldaten der Wehrmacht hätten *„bis zum bitteren Ende gekämpft. Sie mussten kämpfen, weil die Offiziere und Nazis mit ihren Pistolen hinter ihnen standen."*[217] Man dürfe nicht vergessen, dass es unter Bedingungen des Terrors und der Denunziation sehr schwierig gewesen sei, Widerstand zu leisten. Umso höher sei die Leistung der Widerständler aller politischen Lager zu werten. In diesem Zusammenhang verwahrte sich Försch auch gegen Versuche von *„Berufsverbrecher[n] [...] aus der Tatsache ihrer Inhaftierung Kapital [zu] schlagen.*[218]

Försch plädierte dafür, kleinen Nazis, „Mitläufern", zu verzeihen: *„Wir dürfen nicht Gleiches mit Gleichem vergelten. Wir müssen besser sein. [...] Nur dann wird ein wahrer*

---

report No 3" aus Förschs inhaltsreicher Rede vom 4. Oktober neben der Schilderung der KZ-Gräuel ausgerechnet die Frauen-Schelte der Mitteilung wert fand. Das Thema dürfte demnach zahlreiche US-Soldaten betroffen haben.

[216] „Meeting of the Communist Party in Waldbüttelbrunn on 20.1.46" by van St., S. 2, BayHStA, OMGUS CO 443/1

[217] „Meeting of the Communist Party in Waldbüttelbrunn on 20.1.46" by van St., S. 2, BayHStA, OMGUS CO 443/1

[218] Marktheidenfelder Mitteilungsblatt für den Markt Marktheidenfeld und den Landkreis, 18.09.1945

Frieden möglich sein. "[219] Zusammenfassend kam Konrad Försch *„zur Schlußfolgerung, [...] dass die Entnazifizierung [...] nicht nach der Devise „Den Kleinen hängt man und den Großen läßt man laufen" durchzuführen sei.* "[220]

5. Forderungen für die Zukunft Deutschlands

Zusammenarbeit aller Demokraten und Entnazifizierung sah Konrad Försch als Fundamente für den Neuaufbau Deutschlands. Es gibt einige Hinweise darauf, wie er sich den fertigen Bau vorstellte.

Zunächst trat er sämtlichen föderalistischen oder separatistischen Tendenzen, wie sie z. B. die CSU vertrat, scharf entgegen. *„Wir Kommunisten wollen eine Zentralregierung für ganz Deutschland."* [221] Für einen KPD-Politiker überraschend nannte Försch die USA und Großbritannien, die sich nach links gewandt hätten[222], als Vorbilder für eine deutsche Demokratie.[223] Auch die Politik der Sowjetunion dürfe nicht einfach sklavisch übernommen werden: *„Wir sind deutsche Kommunisten und brauchen kein Sowjetsystem in Deutschland. Dort sind die Bedingungen anders, dort ist der Kommunismus anders. Es gibt einen russischen Kommunismus, hier in Deutschland gibt es einen deutschen Kommunismus.* "[224]

---

[219] „Meeting of the Communist Party in Waldbüttelbrunn on 20.1.46" by van St., S. 2, BayHStA, OMGUS CO 443/1

[220] Main-Post, 05.11.1946

[221] a. a. O., S. 2

[222] *„Had made a turn to the left"*

[223] „Report of the Communist Meeting at Veitshöchheim on October 4th 1945", S. 3, „Meeting of the Communist Party in Waldbüttelbrunn on 20.1.46" by van St., S. 3, BayHStA, OMGUS CO 443/1

[224] „Meeting of the Communist Party in Waldbüttelbrunn on 20.1.46" by van St., S. 3, BayHStA, OMGUS CO 443/1

Festzuhalten ist also, dass Konrad Försch in der unmittelbaren Nachkriegszeit (1945/1946) einen „deutschen Kommunismus", der das Beste des Kommunismus und der westlichen Demokratien vereinen sollte, anstrebte.

Bald machte der „Kalte Krieg" mit der Blockkonfrontation solche Konzeptionen gegenstandslos: Wiederaufrüstung, Antikommunismus und Restauration alter Nazis in der Bundesrepublik, bedingungslose Unterstützung der Ziele und Methoden Stalins in der DDR und bei der KPD waren die Folge.

Völkerverständigung werde, so Försch, für das neue Deutschland von zentraler Bedeutung sein. Das gute Ansehen Deutschland in der Welt als Volk der Dichter und Denker müsse wiederhergestellt werden.

Konrad Försch übte harsche Kritik an den Großmachtsträumen der Nazizeit: *„In dieser Zeit existierte in der ganzen Welt kein Volk, so dumm und naiv wie das unsere. Jeder denkfähige Mensch wird verstehen, dass ein Volk in der Mitte, im Herzen Europas wie Deutschland nur leben und sein Staatsgebiet halten*[225] *kann, wenn es friedliche Beziehungen mit seinen Nachbarländern anstrebt und nicht, sie zu erobern und zu beherrschen."*[226] Die Idee einer Herrenrasse, machte Försch klar, lehne die KPD ab.

Schließlich sprach Konrad Försch wiederholt die wichtige Frage der Erziehung an. Generationenlang sei die Schuljugend militaristisch verhetzt worden, z. B. durch Glorifizierung des „Alten Fritz" oder Bismarcks. Damit müsse Schluss sein, stattdessen sollten demokratische Staatsmänner als Vorbild dienen. *„Zuerst müssen wir unsere Kinder*

---

[225] *„keep their ground"*
[226] „Report of the Communist Meeting at Veitshöchheim on October 4th 1945", S. 1 f., BayHStA, OMGUS CO 443/1

auf wirklich demokratische Weise erziehen. [...] Ohne Ge-
walt und ohne ta-ta-ra-ra."[227]

6. „*Das höchste Denkmal ist der Mensch*" – Konrad Försch und die Kirche

Im katholisch geprägten Unterfranken war es für einen politischen Menschen wohl unumgänglich, sich mit Religion und der Rolle der Kirche auseinanderzusetzen.

Konrad Försch war 1919 aus weltanschaulichen Gründen aus der Kirche ausgetreten.[228] Er engagierte sich im „Verein für Freidenkertum und Feuerbestattung". Im Zuge der Spaltung des Vereins in einen sozialdemokratischen und einen kommunistischen Flügel wurde er 1930 dort ausgeschlossen und Würzburger Ortsvorsitzender der kommunistisch orientierten Freidenker im „Verband proletarischer Freidenker."[229]

Freidenker jeder Couleur hatten heftige Auseinandersetzungen mit den Behörden auszukämpfen. So wurde 1930 eine Versammlung zu sexueller Aufklärung polizeilich verboten[230] und 1931 erhielt Försch eine Geldstrafe, da er nicht genehmigte Flugblätter der „proletarischen Freidenker" verteilen ließ.[231]
Oben war Konrad Förschs Wertschätzung für antifaschisti-

---

[227] „Meeting of the Communist Party in Waldbüttelbrunn on 20.1.46" by van St., S. 3, BayHStA, OMGUS CO 443/1
[228] Entnazifizierungs-Fragebogen Konrad Försch, 22.05.1946, BayHStA, MSo 3000
[229] Bayerische Politische Polizei an Gestapo, 27.07.1936, „Betrifft: Kommunistische Organisation und Betätigung", BArch R 58-3230
[230] Neue Zeitung, 16.10.1930
[231] Anklageschrift des Generalstaatsanwalts beim Oberlandesgericht München gegen Konrad Försch u. a., 20.10.1936, BArch R 3018 NJ-5840, Bd. 1-4

sche Geistliche erwähnt worden, mit denen gemeinsam er Deutschland demokratisch wiederaufbauen wollte. In dieser Rede meinte er aber auch, es gäbe eine zweite Kategorie von Geistlichen, die Mitschuld trügen daran, dass Hitler an die Macht gekommen sei und *„die jetzt wieder versuchen, den Geist unserer Studenten durch ihr reaktionäres Denken zu vergiften."* [232]

Konsequenterweise verband Försch ein klares Bekenntnis zur Religionsfreiheit mit der Forderung nach der Trennung von Staat und Kirche: *„Die Geistlichen dürfen in ihren Kirchen keine Politik zulassen."* [233]

Beim Wiederaufbau Würzburgs kam es zu Auseinandersetzungen, die in der Alternative „Kirchen oder Wohnungen" zusammengefasst werden können. Beim Bombenangriff vom 16. März 1945 waren mit der Würzburger Altstadt der Dom und zahlreiche historische Kirchen zerstört worden.

Sehr früh begannen Gläubige und kirchliche Institutionen mit dem Wiederaufbau. Konrad Försch sah den Wohnungsbau für vorrangig an: *„Die Kommunisten stehen auf dem Boden der absoluten Gewissens- und Religionsfreiheit. Die Bevölkerung versteht es aber nicht, daß ausgerechnet ein sichtbarer Wiederaufbau nur an Kirchen feststellbar ist, während die Menschen noch in Höhlen hausen."* [234]

Im März 1946 diskutierte der Stadtbeirat die Frage *„Der Dom als Kunst- und Kulturdenkmal der Stadt"*, nachdem Teile des ausgebrannten Doms eingestürzt waren und der Oberbürgermeister 100.000 RM aus Spenden der unterfrän-

---

[232] „Report of the Communist Meeting at Veitshöchheim on October 4th 1945", S. 3, BayHStA, OMGUS CO 443/1

[233] „Meeting of the Communist Party in Waldbüttelbrunn on 20.1.46" by van St., S. 3, BayHStA, OMGUS CO 443/1

[234] Protokoll der Sitzung des Stadtbeirates, 30.10.1945, S. 8, StadtAW

kischen Bevölkerung für den Wiederaufbau Würzburgs, (der „Ehrenbuch"-Spende) für die Wiederherstellung des Doms verwendet hatte.

Konrad Försch meinte dazu, *„daß er an dem traurigen Mißgeschick, das den Dom betroffen hat, zwar auch mitfühle, daß aber nach seiner Meinung die Mittel notwendiger gewesen wären, um die Elendshütten und Notquartiere der Arbeiter wieder aufzubauen."* Später in der Sitzung ging er nochmals auf die Frage ein: *„Das höchste Denkmal ist der Mensch. Leider wird nur zu wenig davon gesprochen, wie wir die Leute unterbringen, die noch in Elendslöchern hausen. Erst kommt der Mensch und dann alles andere."*[235]

Noch 1947 beschäftigte Försch dieses Thema. Die Main-Post berichtet über eine KPD-Versammlung: *„In der Diskussion wandte sich Konrad Försch dagegen „daß Kirchen und Klöster aufgebaut werden und das schaffende Volk verreckt".*[236]

Ein hochrangiger Kirchen-Vertreter, Geistlicher Rat und Domkapitular Heinrich Leier, antwortete eine Woche später. Sein Fazit: *„Wenn wieder einmal irgendwo ein Diskussionsredner über diese Dinge reden will, sollte er vielleicht vorher sich informieren, damit er nicht etwas Törichtes redet."* Dass Kirchen wie auch die Bischofswohnung Marmelsteiner Hof zügig wieder aufgebaut wurden, bestritt der Kirchenvertreter nicht. Gegen den Wiederaufbau von Klöstern könne *„dagegen niemand Einspruch erheben. Das ist Privatrecht aller Gemeinschaften."*[237]

---

[235] Protokoll der Sitzung des Stadtbeirates, 14.03.1946, S. 66, S. 70, StadtAW
[236] Main-Post, 02.09.1947
[237] Main-Post, 09.09.1947

Solche Kritik freilich beeindruckte Försch wenig. Schon 1945 hatte er gemeint: *„Auch können wir nicht verstehen, dass die Kirche, die immer christliche Caritas von ihren Kanzeln predigt*[238]*, in dieser Frage ein solch schlechtes Beispiel gibt.“*[239]

7. *„Oft täglich bis 16 Stunden beansprucht“* – Sonderbeauftragter für politische Säuberung

Konrad Försch hatte seine Gründe, das ihm am 26. Mai 1946 zugefallene Stadtratsmandat nicht anzunehmen, denn seit dem 1. März 1946 hatte er eine neue, sehr arbeitsintensive Tätigkeit aufgenommen, die des „Ersten Sonderbeauftragten für politische Säuberung in Unterfranken". In Diensten des bayerischen Staates fungierte er als „oberster Entnazifizierer" in Unterfranken. In dieses Amt berufen worden war er von seinem Parteifreund Heinrich Schmitt, der in der bayerischen Staatsregierung unter dem Ministerpräsidenten Wilhelm Hoegner, der Mitglieder von CSU, KPD und SPD angehörten, seit 28. September 1945 als „Minister für Sonderaufgaben" amtierte. In Schmitts Ressort fiel die Entnazifizierung, die mit dem „Gesetz zur Befreiung von Nationalsozialismus und Militarismus" ihre gesetzliche Grundlage hatte. Dieses Gesetz, auch „Kontrollratsgesetz Nr. 104" genannt, war von Hoegner am 05. März 1946 unterzeichnet worden und brachte die Schaffung der Spruchkammern, Laiengerichte, oft mit NS-Verfolgten besetzt, zur Untersuchung der NS-Belastung der gesamten deutschen Bevölkerung und Aburteilung der Nazis.[240]

---

[238] *„promoting"*
[239] „Report of the Communist Meeting at Veitshöchheim on October 4th 1945", S. 3, BayHStA, OMGUS CO 443/1
[240] http://de.wikipedia.org/wiki/Entnazifizierung

Konrad Försch wurde Leiter einer kleinen Dienststelle in Würzburg, Sandbergerstr. 1, der außer ihm angehörten: Josef Benz als Stellvertreter, die Ermittler Bernhard Schneider und Walter Urlaub, die Angestellten Eleonore Öring und Hermann Beller, die Sekretärin Frieda Jacob, die Fahrer Gustav Glaser und Erich Hartwig.[241]

Heinrich Schmitt wird vorgeworfen, er habe Schlüsselpositionen seiner Behörde einseitig mit Parteifreunden besetzt. Tatsächlich waren drei der fünf Sonderbeauftragen für die bayerischen Regierungsbezirke Kommunisten, ein vierter stand der Partei nahe. Einschränkend wird allerdings selbst von Kritikern festgehalten, dass sich *„die Patronage [...] eher als Filter für bürgerliche Kandidaten, denn als konsequente Majorisierung durch Kommunisten ausgewirkt"* habe.[242] Es dürfte Schmitt darum gegangen sein, konsequente Antifaschisten mit der Entnazifizierung zu betrauen. Dabei dachte er in erster Linie an KPD-, aber auch SPD-Mitglieder.[243]

Wirft man einen Blick auf Konrad Förschs Dienststelle, so stellt man fest, dass von einer kommunistischen Dominanz nicht die Rede sein kann: Außer Försch selbst gehörte nur Erich Hartwig, der als Fahrer in untergeordneter Funktion arbeitete, der KPD an.[244] Konrad Förschs Stellvertreter Josef Benz war ein in der NS-Zeit verfolgter Sozialdemokrat[245],

---

[241] Personalbögen in BayHStA, MSo 3000

[242] Niethammer, a. a. O., S. 360, Anm. 84

[243] Als Schmitts wichtigste Mitarbeiter in der Leitung des Ministeriums werden genannt Ministerialrat Arthur Höltermann (SPD), der Leiter der Personalabteilung Max Holy (KPD) und der Leiter der Rechtsabteilung Dr. Jürgen Ziebell (SPD). Niethammer, a. a. O., S. 356 f.

[244] Vollständige Mitgliederlisten der KPD Würzburg in BayHStA, OMGUS CO 443/1

[245] Josef Benz war 1897 in Versbach bei Würzburg geboren worden und von Beruf Zimmerer, seit 1913 Mitglied der SPD und Gewerkschaft war er der führende Sozialdemokrat in Versbach (SPD-Stadtrat,

der Ermittler Walter Urlaub war als Sohn eines jüdischen Vaters rassisch verfolgt worden.[246]

Über Konrad Förschs Arbeit liegen nur seine stichpunktartigen Wochenberichte vor, aus denen sich nicht allzu viele Einzelheiten herauslesen lassen. Klar ist aber, dass schwierigste Aufbauarbeit zu leisten war, wurde doch das Befreiungsgesetz erst eine Woche nach Förschs Dienstantritt unterzeichnet. Die ersten unterfränkischen Spruchkammern wurden im April 1946 eingerichtet, die letzten nahmen im Juli die Arbeit auf.[247] Neben der Ermittlung von Naziverbrechern nahm also der organisatorische Aufbau der Spruch-

---

1922-1933 Vorsitzender des Zentralverbands der Zimmerer, 1925-1933 1. Vorsitzender SPD). Nach der Machtübernahme der NSDAP *„kam ich"*, so Benz, *„des öfteren in Schutzhaft."* 1934 emigrierte er in die CSR und kam von dort mit einer deutschen Firma als Bauführer nach Frankreich. 1945 kehrte er nach Versbach zurück und schloss sich wieder der Gewerkschaft und der SPD an. Von 1948 bis 1956 Gemeinderat und 3. bzw. 2. Bürgermeister stand er 1956 bis 1963 als 1. Bürgermeister an der Spitze des heute nach Würzburg eingemeindeten Ortes. Josef Benz, Lebensläufe 09.04.1946, 22.05.1946, BayHStA MSo 2582; SPD, OV Versbach: 100 Jahre SPD Versbach 1890-1990, Würzburg-Versbach, 1990 (Die gesamte Weimarer Republik und NS-Zeit wird in dieser Festschrift ausgeblendet)

[246] Walter Urlaub war 1918 in Heidingsfeld als Kind der ledigen Katharina Urlaub und des Kaufmann Max Golomb geboren worden. Er galt nach den Nürnberger Gesetzen als „jüdischer Mischling 1. Grades". Er absolvierte ab 1933 eine Elektrolehre in der Firma Bär. Nach Norddeutschland für Arbeiten für die Kriegsmarine zwangsverpflichtet wurde er 1942 zu zwei Monaten Gefängnis wegen Sabotage verurteilt. Als Zwangsarbeiter in Niederschlesien wurde er wegen seiner Verlobung mit einer „arischen" Frau unter Gestapo-Aufsicht gestellt. Nach 1945 arbeitete er zunächst für die US-Militärregierung, dann für die Schwarzhandelsbekämpfung in der Würzburger Stadtverwaltung, von wo er in Förschs Behörde wechselte. Walter Urlaub, Lebensläufe vom 14.06.1946 und 15.09.1946, BayHStA, MSo 5297

[247] Herbert Schott: Die Amerikaner als Besatzungsmacht in Würzburg (1945-1949), Freunde mainfränkischer Kunst und Geschichte e.V., Historischer Verein Schweinfurt e.V., 1985 (Mainfränkische Studien 33), S. 86

kammern breiten Raum ein. Bereits deren Ausstattung bereitete Schwierigkeiten: Noch Anfang September 1946 wurde die Würzburger Bevölkerung aufgerufen, den Spruchkammern Schreibmaschinen und Büromaterial zu leihen.[248]

Dann mussten neben Räumlichkeiten geeignete Personen als Vorsitzende und Beisitzer der Spruchkammern und deren öffentliche Ankläger gefunden werden, die dann von der US-Militärregierung bestätigt werden mussten, was oft ein langwieriger Prozess war. Der Sonderbeauftragte übte die Dienstaufsicht über die Spruchkammermitglieder aus. [249]

Wenig freundlich war offenbar die Atmosphäre bei Förschs Antrittsbesuch bei der CSU, wie aus einer Aktennotiz der Würzburger CSU hervorgeht, wonach der Sonderbeauftragte geäußert habe, er wolle prüfen, *„wieviel Aktivisten, Barrasköpfe und Reaktionäre oder welches Lumpengesindel sich hier noch herumtreibt.“*[250]

Wie sehr die Durchführung der Entnazifizierung durch den Parteienstreit behindert wurde, zeigt ein Vorgang aus Alzenau, der sich in den Akten erhalten hat. Dort hatte sich die KPD des Kreises bei Minister Schmitt bitter darüber beklagt, *„von dem diktatorischen Landrat des hiesigen Kreises noch nicht einmal zu einer Besprechung über die Zusammensetzung des Vorstands der Spruchkammer geladen worden“* zu sein und kam zu dem zweifellos übertriebenen Fazit: *„Hierbei bei uns muß natürlich zum Leidwesen gesagt werden, regiert das Dritte Reich noch und alles andere ist hier ein neuer Begriff.“* Deswegen werde man, so der KPD-Kreissekretär, sich nicht an der Spruchkammerarbeit beteiligen.[251] Försch ersuchte nun den Landrat, unverzüglich eine

---

[248] Schott, a. a. O., S. 87
[249] Niethammer, a. a. O., S. 341
[250] Niethammer, a. a. O., S. 360, Fußnote 85
[251] KPD Kreis Alzenau, Kreissekretär Krämer an Minister Heinrich

Besprechung mit CSU, SPD und KPD durchzuführen, und machte sich die Ablehnung zweier CSU-Kandidaten für den Vorsitz bzw. das Amt des öffentlichen Klägers durch seine Parteifreunde zu eigen. Der eine sei *„als großer Nazifreund bekannt"*, der andere NSDAP-Mitglied gewesen.[252] Aus einem Verzeichnis der Spruchkammermitglieder in Alzenau geht hervor, dass beide CSUler dann bei der Entnazifizierung mitwirkten, jedoch nicht an führender Stelle, sondern als Beisitzer.[253] Es war also ein Kompromiss gefunden worden.

Die Arbeitsleistung, die Konrad Försch bewältigte, war enorm, nicht nur, wenn man bedenkt, dass er unter den Folgen der Kriegsverletzung, des Arbeitsunfalls und jahrelanger Misshandlung im KZ litt: Nie war er krankgemeldet und in seiner 26 Wochen umfassenden Amtszeit hatte er 20 freie Sonn- bzw. Feiertage, arbeitete also auch an manchem Sonntag. Er nahm auch keinen einzigen Tag Urlaub. Für seine Tätigkeit passt die früher in Adressbüchern aufgeführte Berufsbezeichnung „Reisender", denn von 162 Arbeitstagen waren es weniger als 30, in denen er nur im Büro saß.

An über 80 Tagen nahm er 100 Termine bei den Spruchkammern in ganz Unterfranken wahr, wobei jede Spruchkammer zwischen zwei- und neunmal besucht wurde. Dazu kamen knapp 40 Besprechungen in Würzburg, meist mit der Militärregierung, aber auch mit dem Landrat, dem Oberbürgermeister und Parteienvertretern. Relativ geringen Umfang hatten mit 20 Arbeitstagen die Termine im Münchner Minis-

---

Schmitt, 22.04.1946, BayHStA MSo 292
[252] Konrad Försch an Landrat Alzenau, 06.05.46, BayHStA MSo 292
[253] Aufstellung der Spruchkammer-Mitglieder, 27.06.47., BayHStA MSo 292 Im Fall des mutmaßlichen NSDAP-Mitglieds dürfte dies heißen, dass der Vorwurf nicht gerechtfertigt war, es sei denn, die spätere Entlassung als Spruchkammer-Beisitzer (09.07.47) erfolgte aufgrund des nachträglichen Bekanntwerdens dieser Belastung.

terium.[254] In einer „Bestätigung" Förschs für Walter Urlaub wird erwähnt, dass dessen Auto für Fahren von Försch und Urlaub *„oft täglich bis 16 Stunden beansprucht wurde."*[255]

```
                    Zusammenstellung der gefahrenen km des PKW 267 887
                    des Sonderbeauftragten Konrad F ö r s c h, Würzburg
   1946.            .-.-.-.-.-.-.-.-.-.                  km a) 13 Pfg   Ges.Se

   12.3.   Stadtfahrten                                   12    km      1.56
   13.3.   Besprechungen m.Landräten in Lohr-Marktheidenfeld-
           und Würzburg                                  110    "      14.30
   14.3.   Würzburg-Stadt Mil.Reg.                        21    "       2.73
   15.3.   Würzburg-Schweinfurt-Kissingen-Neustadt       189    "      24.57
   16.3.   Würzburg-München                              323    "      41.99
   17.3.   München-Würzburg                              262    "      34.06
   18.3.   Würzburg-Schweinfurt-Hofheim-Ebern-Würzburg   209    "      27.17
   20.3.   Würzburg-Stadtfahrt                            19    "       2.47
   21.3.   Würzburg-Brückenau-Mellrichstadt-Königshofen-
           Neustadt-Würzburg                             285    "      37.05
   22.3.   Würzburg-Aschaffenburg-Miltenberg-Würzburg    205    "      26.65
   23.3.   Würzburg-Schweinfurt-Würzburg                  85    "      11.05
   25.3.   Würzburg-Karlstadt-Gemünden-Hammelburg-Kissingen-
           Würzburg                                      180    "      23.40
   26.3.   Würzburg-Versbach-Würzburg                     52    "       6.76
   28.3.   Würzburg-Regierung-Landrat                     36    "       4.68
   28.3.   Würzburg-Heidingsfeld-Zell-Würzburg            41    "       5.33
   29.3.   Würzburg-Hammelburg-Unteraleben-Würzburg       40    "       5.20
   30.3.   Würzburg-Ochsenfurt-Würzburg                   62    "       8.06
   31.3.   Würzburg-Gemünden-Würzburg                    103    "      13.39

   1.4.    Würzburg-Hassfurt-München                     393    "      51.09
   2.4.    München-Würzburg                              296    "      38.48
   3.4.    Würzburg-Mil.Reg.-Landrat-CSU Büro             24    "       3.12
   4.4.    Würzburg-Versbach-Landrat-Mil.Reg.            93    "       5.07
   5.4.    Würzburg-Kitzingen-Mainbernheim-Versbach-Würzburg 88 "     11.44
   6.4.    Würzburg-Rimpar-Würzburg                       52    "       6.76
   10.4.   Mil.Reg.-Remlingen-Würzburg                    74    "       9.62
   11.4.   Mil.Reg.Würzburg                               35    "       4.55
   12.4.   Würzburg-Vetishöchheim-Würzburg                50    "       6.50
   13.4.   Schweinfurt-Schonungen-Würzburg                90    "      11.70
   14.4.   Schweinfurt-Gochsheim-Sennfeld-Würzburg       104    "      13.52
   16.4.   Eltmann-Faulbach-Würzburg                     388    "      50.44
   17.4.   Marktheidenfeld-Urspringen-Würzburg           127    "      16.51
   22.4.   Würzburg-Versbach-Würzburg                     31    "       4.03
   23.4.   Brückenau-Marktheidenfeld-Würzburg            375    "      48.75
   23.4.   Kissingen-Marthmannsroth-Kissingen-Würzburg   230    "      29.90
   24.4.   Regierungspr.Würzburg                           7    "      -.91
   24.4.   Schweinfurt-Hassfurt-Würzburg                 114    "      14.82
   25.4.   Remlingen-Würzburg                             57    "       7.41
   26.4.   Kitzingen-Marktbreit-Würzburg                  99    "      12.87
   27.4.   Rieneck-Brückenau-Würzburg                    121    "      15.73
   29.4.   Mil.Reg.-                                       47    "       6.11
   30.4.   Landrat                                         5    "      -.65

   1.5.    Würzburg-Lohr-Würzburg                         93    "      12.09
   2.5.    Würzburg-Schweinfurt-Würzburg                  80    "      10.40
   3.5.    Würzburg-München-Garmisch                     365    "      47.45
   4.5.    Garmisch-München-Garmisch                     213    "      27.69
   8.5.    Garmisch-München-Würzburg                     433    "      56.29

                    Übertrag : RM   6264  km    814.32
```

Abb. 6 – Wochenbericht vom 12.03.-08.05.1946

[254] Konrad Försch: Wochenberichte vom 01.03.-30.08.1946, BayHStA, MSo 3000
[255] Konrad Försch, „Bestätigung", 05.09.1946, BayHStA, MSo 5297

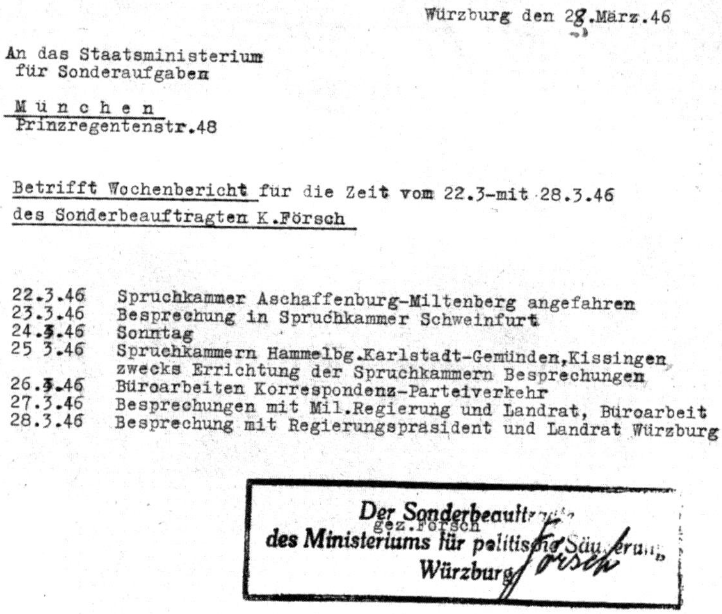

An das Staatsministerium
für Sonderaufgaben

M ü n c h e n
Prinzregentenstr.48

Betrifft Wochenbericht für die Zeit vom 22.3-mit 28.3.46
des Sonderbeauftragten K.Försch

22.3.46	Spruchkammer Aschaffenburg-Miltenberg angefahren
23.3.46	Besprechung in Spruchkammer Schweinfurt
24.3.46	Sonntag
25 3.46	Spruchkammern Hammelbg.Karlstadt-Gemünden,Kissingen
	zwecks Errichtung der Spruchkammern Besprechungen
26.3.46	Büroarbeiten Korrespondenz-Parteiverkehr
27.3.46	Besprechungen mit Mil.Regierung und Landrat, Büroarbeit
28.3.46	Besprechung mit Regierungspräsident und Landrat Würzburg

Der Sonderbeauftragte
gez.Försch
des Ministeriums für politische Säuberung
Würzburg

Abb. 7 – Wochenbericht 22.03.-28.03.1946

Am 1. Juli 1946 entließ Ministerpräsident Hoegner den
Sonderminister Heinrich Schmitt, nachdem dieser die Zu-
mutung abgelehnt hatte, unter einem CSU-Minister als
Staatssekretär weiterzuarbeiten. Offiziell wurde von Hoegner als Grund angegeben, der Aufbau der Spruchkammern
habe sich zu schleppend vollzogen, das Ministerium sei hinter den berechtigten Erwartungen zurückgeblieben. Daran
seien, so der Ministerpräsident, nicht die Kommunisten
schuld, es seien vielmehr „*reaktionäre Kräfte am Werk*", die
sich „*den Eindruck zunutze* [machten], *als nehme* [die KPD
das] *Ministerium als parteipolitische Formation für sich
allein in Anspruch.*" Letztlich kapitulierte der Sozialdemokrat Hoegner vor der CSU: „*Dabei ist es doch wohl ausgeschlossen, das Gesetz vom 5. März 1946 ohne die Mitarbeit*

der größten Partei unseres Landes wirksam durchzuführen.
Zu dieser Mitarbeit hat sich die Christlich-Soziale Union
am 22. Juni 1946 verpflichtet."[256]

In welcher Partei die Gegner der Entnazifizierung zu suchen
seien, war Hoegner klar, wie aus seiner Begründung der
Umbesetzung gegenüber der Militärregierung hervorgeht:
„Ich lasse diesen Versuch ausführen durch den zuverlässigs-
ten Mann, der mir in den Reihen der CSU bekannt ist. Sollte
er durch [seine] Parteifreunde [...] scheitern, so hat diese
Partei gezeigt, daß sie nicht gewillt ist, die Voraussetzungen
für eine Erneuerung Bayerns und Deutschlands zu schaffen.
Ich hoffe jedoch bestimmt, daß in dieser Partei die aufbau-
willigen Kräfte die Oberhand gewinnen werden."[257]

Der *„zuverlässigste Mann"* der CSU, der nun Minister wurde, war Dr. Anton Pfeiffer, ein Mann, der *„von zwei Traditi-*
onen beherrscht [wurde]: *katholische Kirchlichkeit und*
bayerische Staatlichkeit."[258] Ob Försch Dr. Pfeiffer zu den
„Reaktionären" zählte, die er in der CSU wahrnahm, ist
nicht bekannt. Jedenfalls hatte der damalige BVP-
Generalsekretär Anton Pfeiffer 1933 zu den BVP-Politikern
gehört, die eine Koalition mit der NSDAP anstrebten und
zwar auch dann noch, als bereits Tausende Sozialdemokraten und Kommunisten in die Konzentrationslager verschleppt und misshandelt, zum Teil ermordet worden waren.[259]

---

[256] Main-Post, 06.07.1946
[257] Ministerpräsident Hoegner an General Muller, 04.07.1946, zitiert
nach: Christiane Reuter: „Graue Eminenz der bayerischen Politik" -
Eine politische Biographie Anton Pfeiffers (1888-1957), Stadtarchiv
München, 1987 (Miscellanea Bavarica Monacensia 117), S. 106
[258] Niethammer, a. a. O., S. 377
[259] Klaus Schönhoven: Zwischen Anpassung und Ausschaltung – Die
bayerische Volkspartei in der Endphase der Weimarer Republik
1932/33, in: Historische Zeitschrift 224 (1977), S. 341-378, S. 371

Aus den skizzierten Umständen wird klar, dass die Arbeit von Konrad Försch unter Minister Pfeiffer schwierig werden würde. Zunächst allerdings wurde im bisherigen Rahmen weitergearbeitet. Auf einer Tagung der unterfränkischen Spruchkammervorsitzenden sprachen Försch und der bereits unter Schmitt tätige Ministerialrat Höltermann (SPD). Sie bestätigten Schwierigkeiten bei der Entnazifizerung, wobei Höltermann kritisierte, dass zu viele ehemalige NSDAP-Mitglieder als „Mitläufer" davonkämen und Försch die Arbeit der Spruchkammern Gerolzhofen und Marktheidenfeld als vorbildlich herausstellte.[260]

Der CSU-Minister entschied schließlich, die Institution der Sonderbeauftragten völlig abzuschaffen und die Dienstaufsicht über die Spruchkammer Berufungskammern zu übertragen[261] Dies sollte der *„Verlagerung der Entnazifizierung von der politischen auf die rein juristische Ebene"* dienen.[262]

Für Konrad Försch hieß dies, dass ihm Minister Pfeiffer am 13. September 1946 zum 31. Dezember des Jahres kündigte, ihn ab sofort beurlaubte und seine Geschäftsstelle abwickelte.[263] Mit Schreiben vom gleichen Tag stellte das Ministerium der Berufungskammer Unterfranken anheim, *„über die weitere Verwendung der Sonderbeauftragten Konrad Försch und Josef Benz nach Ihrem Ermessen zu entscheiden. [Dabei] sollen nicht zu sehr finanzielle Erwägungen als vielmehr die wohlabgewogenen Verwaltungsinteressen den Ausschlag geben."*[264]

---

[260] Main-Post, 02.08.1946
[261] Niethammer, a. a. O., S. 282
[262] Reuter, a. a. O., S. 109
[263] Kündigung, 13.09. 1946, BayHStA, MSo 3000
[264] Ministerialrat Dr. Hertle an Präsident Berufungskammer Unterfranken, 13.09.1946, BayHStA, MSo 881

Eine Antwort hat sich nicht erhalten, so dass offen bleiben muss, ob die Berufungskammer die Übernahme von Försch ablehnte oder er von sich aus verzichtete, weil er bereits die eigene Firma als Abbruchunternehmer im Auge hatte.

8. Ein Kommunist als Unternehmer – Die Firma „Försch & Rieß"

Obwohl im Adressbuch 1947 noch als „Sonderbeauftragter für politische Befreiung" eingetragen, hatte Konrad Försch damals schon die Firma „Försch & Rieß" gegründet. In dieser Firma führte Försch in privater Regie fort, was er 1945 im Auftrag der Stadt begonnen hatte. In einer Anzeige warb die Firma mit folgendem Tätigkeitsprofil für sich: *„Einreißen von Ruinen, Abtragen, Abputzen, Schutträumen und Schutt-Transport, Materialbergung und Sicherstellung".*[265] Förschs Geschäftspartner war Isidor Rieß, der mit dem einmal in Protokollen des Stadtbeirats genannten „Ries" identisch sein dürfte und demnach ebenfalls bereits Erfahrung in der Schuträumung mitbrachte. Rieß war in den Nachkriegsjahren nicht Mitglied der KPD, hatte der Partei aber in seiner Jugend angehört.[266]

Die Firma „Försch & Rieß" hatte ihren Firmensitz in der Theaterstr 24, schräg gegenüber dem Stadttheater.[267] Die Firmengründung muss vor dem 22. Mai 1947 erfolgt sein; mit diesem Datum beantragte Konrad einen Vorschuss auf

---

[265] Würzburger Adressbuch 1951, Universitätsdruckerei H. Stürtz, Würzburg, 1951, S. 352

[266] Aufgrund der Übereinstimmung des doch sehr seltenen Namens ist mit großer Wahrscheinlichkeit davon auszugehen, dass Rieß mit jenem Isidor Rieß identisch ist, der nach der Niederschlagung der Würzburger Räterepublik 1919 angab, gegen seinen Willen in die KPD aufgenommen worden zu sein. Köttnitz-Porsch, a.a.O.; S. 110 f.

[267] Würzburger Adressbücher 1949 ff.

zu erwartende Haftentschädigung beim Landesentschädigungsamt, die er auch erhielt. Die erhaltenen RM 3.000 deckten etwa ein Zehntel der Investitionskosten.[268]

Die Firma erwarb für ihre Arbeit von der Stadt das sog. „Einreißkommando", eine Zugmaschine mit zwei Anhängern und einer 17 Meter langen Stahlleiter, was ausdrücklich damit begründet wurde, dass *„Försch in Würzburgs schwerster Zeit die Bergungsarbeiten leitete, im KZ war und das Einreißkommando weiterhin zu Arbeiten für die Stadtverwaltung herangezogen wird."*[269]

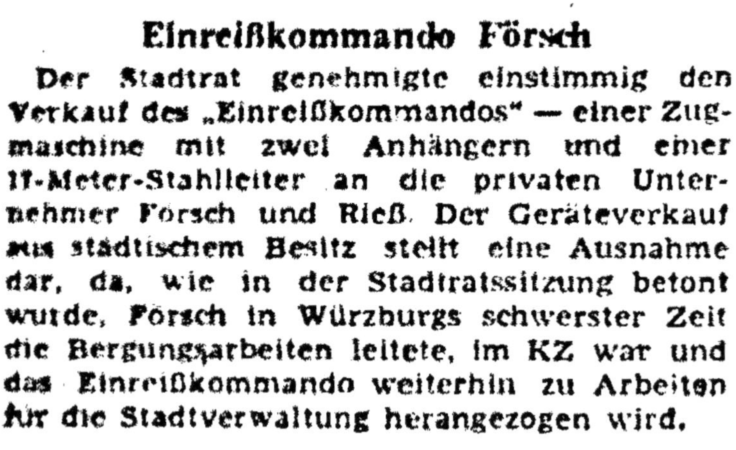

Einreißkommando Försch

Der Stadtrat genehmigte einstimmig den Verkauf des „Einreißkommandos" — einer Zugmaschine mit zwei Anhängern und einer 17-Meter-Stahlleiter an die privaten Unternehmer Försch und Rieß. Der Geräteverkauf aus städtischem Besitz stellt eine Ausnahme dar, da, wie in der Stadtratssitzung betont wurde, Försch in Würzburgs schwerster Zeit die Bergungsarbeiten leitete, im KZ war und das Einreißkommando weiterhin zu Arbeiten für die Stadtverwaltung herangezogen wird.

Abb. 8 – „Einreißkommando Försch"

Rieß und Försch scheinen die Firma bis etwa 1952 gemeinsam betrieben zu haben, dann kam es zur Trennung, nach Auskunft von Konrad Förschs Enkel aus persönlichen Gründen[270]. Die Angaben im Adressbuch 1952 sind wider-

---

[268] Konrad Försch an Staatskommissariat für politisch, rassisch und religiös Verfolgte, 22.05.1947, BayHStA, LEA 11627
[269] Main-Post, 09.05.1947
[270] Freundliche Mitteilung von Hermann Försch (Enkel) an den Verfasser.

sprüchlich, da im Handelsregister Försch und Rieß als Firmeninhaber genannt werden, im Firmenteil nur noch Rieß.[271] 1953 erscheinen die beiden ehemaligen Geschäftspartner endgültig als getrennt.

Konrad Försch war nun mit einem Lastwagen mit Anhänger als Fuhrunternehmer tätig. Doch die Geschäfte gingen schlecht. Schon seit 1949 hatte Försch mehrmals um Beihilfen aus Geldern des Landesentschädigungsamtes bitten müssen, im Juli 1949 sah er sich genötigt, die Firma aufzugeben, um einem Konkurs zuvorzukommen und durch den Verkauf von Aktivwerten einen Teil der Schulden zu bezahlen. Die Bilanz für das Jahr 1953 hatte ein Defizit von DM 8.098,26 ausgewiesen, es bestanden Lieferantenschulden von DM 23.756,73. *„In diese überaus schlechte Geschäftslage bin ich geraten, weil ich [...] mit meinem Lastzuge durch Reparaturen sehr viel Pech* hatte", so seine Analyse des Scheiterns.[272] Die Originale einer Reihe von Rechnungen für Benzin und Reparaturen liegen noch heute bei Förschs Akten beim Landesentschädigungsamt. Bei der Wohnung in der Erthalstraße 28, Erdgeschoss, in Würzburg-Frauenland, die Konrad Försch 1946 bezog und bis zu seinem Tod 1964 bewohnte, handelte es sich um 1939 errichtete Bauten einer Baugenossenschaft.[273]

Konrads Sohn Hermann, dessen Beruf 1947 mit „technischer Zeichner" angegeben worden war erscheint 1953 als „Fuhrunternehmer", war also spätestens zu diesem Zeitpunkt in die väterliche Firma eingestiegen. Später war er als Taxiunternehmer tätig.[274] Hermann, der 1946 Irmgard, geb.

---

[271] Würzburger Adressbuch 1952, Universitätsdruckerei H. Stürz, Würzburg, 1952, S. 78, S. 365

[272] Konrad Försch an Landesentschädigungsamt, 23.10.1954, BayHStA, LE 11627

[273] Grundliste Erthalstr. 24, StadtAW

[274] Würzburger Adressbücher 1947, S. 23, 1953, S. 42, 1956, S. 49

Schöpf geheiratet. wohnte mit seiner Familie bis 1957 unter der Adresse seiner Eltern. Freudige Ereignisse waren die Geburt von Konrad und Marias Enkeln Anita, geb. am 25.07.1946, Hermann Friedrich, geb. am 14. Dezember 1951 und Christa, die am 14.05.1953 geboren worden war. [275]

9. Scheitern bei der Landtagswahl im Dezember 1946

Das zweite Halbjahr 1946 war für die KPD Würzburg eine Zeit des Wachstums. Die Partei, die Anfang 1946 258 Mitglieder gehabt hatte, organisierte im September 1946 744, im November 795 Mitglieder. Im März 1947 – die letzte Zahl, die in US-Berichten zu finden ist- werden 891 Mitglieder gemeldet. [276]

Es war schon erwähnt worden, dass Konrad Försch im Dezember 1946 als Landtagskandidat aufgestellt worden war und zwar mit Platz zwei der unterfränkischen Liste an aussichtsreicher Position. Entsprechend oft war er wieder in Unterfranken als Agitator unterwegs. Belegt sind Reden am 04. November 1946 in Wildflecken (*„Die kleinen PG und die Denazifizierung"*) am 18. November in Lohr (mit den Themen „Verfassung", „Entnazifizierung", „Kriegsgefangene", „deutsche Ostgrenze") und Schweinfurt (27. November). [277]

Jedoch der Einsatz war vergebens: Die Kommunisten, die ihr Wahlergebnis der verfassungsgebenden Versammlung

---

[275] Würzburger Adressbücher 1947-1965, Geburtsurkunde Hermann Försch
[276] BayHStA OMGUS CO 440/12
[277] Main-Post, 05.11.1946, 19.11.1946, 22.11.1946

noch übertreffen konnten, erreichten bei der Landtagswahl bayernweit zwar 6,1 % der Stimmen, wurden aber durch ein kleine Parteien benachteiligendes Wahlgesetz um ihre Landtagsmandate betrogen: Nicht 5 % auf Landesebene mussten erreicht werden, sondern 10 % in einem Regierungsbezirk; dies gelang der KPD nicht .

10. Gegen einen *„neuen Faschismus"* – Sprecher der Verfolgten des Naziregimes (VVN)

Mit dem Niveau der Entnazifizierung ging es rapide bergab, nachdem das Sonderministerium im Dezember 1946 in die Hände von Alfred Loritz übergegangen war. Selbst ein wissenschaftliches Lexikon findet für den Vorsitzenden der „Wirtschaftlichen Aufbau-Vereinigung" (WAV), die mit 7,4 % der Stimmen in den Landtag eingezogen war, Worte wie *„skrupellose Demagogie", „politische Scharlatanerie", „maßloser Ehrgeiz, [...] psychopathische [...] Neigungen, ein fast närrisches Verliebtsein in infantile Mätzchen."* Der Charakter der WAV wird als *„Protest [...] gegen die Konsequenzen aus Kriegsniederlage und NS-Regime einerseits und Demokratisierung [...] andererseits"* beschrieben.[278]

Ein psychopathischer Chef einer ultrarechten Partei als Entnazifizierungsminister: Dies ließen sich die Antifaschisten naturgemäß nicht lange bieten. Am 31. Mai forderte eine Versammlung der unterfränkischen Spruchkammern den Rücktritt des Ministers, dem die *„Unterstützung [...] eines neuen Faschismus"* vorgeworfen wurde. Bei der einen Tag später in Würzburg stattfindenden Großkundgebung wird

---

[278] Hans Woller: Die Wirtschaftliche Aufbau-Vereinigung , in: Parteien-Handbuch – Die Parteien der Bundesrepublik Deutschland 1945-1980, Westdeutscher Verlag, Opladen, 1983, S. 2458-2481, S.2459, 2479

Konrad Försch als „*Sprecher der Würzburger VVN*" bezeichnet, im April 1950 wird er explizit als Vorsitzender genannt.[279]

Die „Vereinigung der Verfolgten des Naziregimes" war im März 1947 als deutschlandweite überparteiliche und überkonfessionelle Interessensvertretung der politisch und rassisch Verfolgten gegründet worden und existiert heute noch, als „VVN-Bund der Antifaschisten" für die junge Generation geöffnet. Dass Försch VVN-Mitglied wurde, ist selbstverständlich. In welchem Zeitraum genau er als VVN-Vorsitzender amtierte, kann nicht mit letzter Sicherheit entschieden werden, da weder Akten der VVN noch weitere Pressemeldungen vorliegen.

In seiner Rede gegen Minister Loritz prangerte Konrad Försch an, dass dieser „*die politisch Verfolgten als Verbrecher bezeichnet habe. Er sagte, dass der jetzige Entnazifizierungsminister mit den gleichen Methoden arbeite wie die NS-Propaganda.*"

Die Versammlung, in der auch der VVN-Landesvorsitzende Dr. Ludwig Schmitt und Vertreter von CSU, KPD, SPD und Gewerkschaften sprachen, forderte einstimmig die Absetzung von Loritz, „*an dessen Stelle ein bewährter Antifaschist treten soll, der die Gewähr dafür bietet, daß die Entnazifizierung endlich so durchgeführt werde, wie es dem Geist des Gesetzes und dem Willen der antifaschistischen Bevölkerung entspräche.*"[280]

---

[279] Main-Post, 03.06.1947, Nordbayerische Volkszeitung 25.04.1950
[280] Main-Post, 03.06.1947

Einen Tag später, am 1. Juni, fand in der Ludwigshalle in Würzburg eine Protestkundgebung der CSU, SPD, KPD, des bayerischen Gewerkschaftsbundes und der Vereinigung der Verfolgten des Naziregimes als Antwort auf die Rede statt, die Staatsminister Loritz vor einer Woche in einer Versammlung der WAV gehalten hatte. Der Sprecher der Würzburger VVN, Konrad Försch, sagte zu Beginn, daß Staatsminister Loritz in Würzburg die politisch Verfolgten als Verbrecher bezeichnet habe. Er sagte, daß der jetzige Entnazifizierungsminister mit den gleichen Methoden arbeite wie die NS-Propaganda. Bei der Art seiner Entnazifizierung würden die großen Nazis entlastet. Früher habe er den Ja-Sagern zum Ermächtigungsgesetz den Kampf angesagt, während er heute nicht mehr davon spreche.

Abb. 9 – Aus Förschs Rede gegen Minister Loritz

Auch auf einer weiteren Kundgebung traten die VVN und verschiedene Parteien gemeinsam auf: Im März war ein Bombenanschlag auf das „Haus der Opfer des Faschismus" in Nürnberg verübt worden. In der Würzburger Protest-Versammlung betonten alle Redner die soziale Komponente der Entnazifizierung. Försch, der die Existenz von NS-Terroristen auf die Schwäche der bayerischen Regierung zurückführte, forderte eine Bodenreform als *„ Voraussetzung zur Demokratisierung"* Auch Vitus Heller von der CSU attestierte der Regierung ein *„Versagen in der sozialen Frage."*[281] Die Berichte zeigen für das Jahr 1947 die Funktion des Antifaschismus und der VVN als einigendes Band für das demokratische Lager. Während anderswo der parteipolitische Streit heftig tobte, waren Antifaschisten aus KPD, SPD und CSU einig in der Abwehr faschistischer Tendenzen.

---

[281] Main-Post, 01.04.1947

V. „ ...*Kamerad Försch ist nicht der Mann, der sich [...] mundtot machen läßt"* – Kommunist in Zeiten des Kalten Kriegs (1948-1964)

1. Die KPD in der Isolation

War der Antifaschismus zunächst noch ein einigendes Band der Demokraten, so erwies sich bald die Deutschlandpolitik als das Gegenteil. Immer deutlicher wurden die Spannungen zwischen den Westalliierten und der Sowjetunion: Der Kalte Krieg hatte begonnen.

Die KPD lehnte in Anlehnung an die sowjetische Politik die Westintegration der Bundesrepublik ab und forderte den Abzug aller Besatzungstruppen - auch der sowjetischen - und ein neutrales Gesamtdeutschland, das über seine Wirtschaftsordnung - kapitalistisch oder kommunistisch - frei entscheiden sollte. Nach kommunistischen Vorschlägen hätte sich Deutschland also in etwa analog zu Österreich entwickelt.

Obwohl die neutralistische Position Anhänger in allen Parteien hatte, geriet die KPD mit ihrer Orientierung immer mehr in die Isolation. Viele Deutsche befürchteten wohl, dass Neutralismus die Vorstufe zur Übernahme durch den Kommunismus bedeute, zumal als die als Antwort auf die Gründung des westdeutschen Staates geschaffene DDR mit der sozialistischen Umgestaltung des Landes begann. Die KPD stand bedingungslos hinter der Politik der SED und übte auch keinerlei Kritik am Terror Stalins. Entsprechend wurden die im Osten begangenen Gräueltaten in der Bundesrepublik, in der zunehmend alte Nazis wieder Karriere machten, propagandistisch ausgeschlachtet.

Auch in Würzburg hatte es Überlegungen einer engeren Zusammenarbeit, möglicherweise eines Zusammenschlusses von SPD und KPD gegeben. Diese wurden nun obsolet. In großen Versammlungen legten die Parteien ihren Standpunkt dar. Die KPD holte SED-Vorstandsmitglieder nach Würzburg und versuchte, Sozialdemokraten durch Sozialdemokraten zu überzeugen, wie der Plan zeigt, einen aus der SPD kommenden SED-Funktionär, Friedrich Ebert jun., den Sohn des ehem. Reichspräsidenten, in Würzburg sprechen zu lassen. Dies wurde von der US-Militärregierung verhindert, da nicht um Genehmigung nachgesucht worden sei.[282] Die SPD in Würzburg stand auf der Seite des SPD-Vorsitzenden Schumacher, der jede engere Zusammenarbeit mit den Kommunisten ablehnte. Arno Behrisch, der bayerische Landesvorsitzende, führte aus, dass die SPD *„als Endziel den demokratischen Sozialismus verfolge, während die KPD oder SED den diktatorischen Kommunismus verwirklichen wolle."*[283] Entsprechend scharf wurde der Umgangston. Im August 1948 beklagte die Würzburger SPD, eine ihrer Kundgebungen sei von den Kommunisten gesprengt worden, was die KPD zurückwies.[284]

Als die KPD-SED-Jugendorganisation „Freie Deutsche Jugend" (FDJ) für ihr deutschlandweites „Pfingsttreffen", eine Großkundgebung für Frieden und deutsche Einheit, mobilisierte wurde die Würzburger Werbeveranstaltung von CSU-Anhängern massiv gestört: *„Selbst die Ausführungen des VVN-Vorsitzenden, eines bekannten Widerstandskämpfers und langjährig politisch Inhaftierten wurden zeitweise durch Zwischenrufe und Tumulte unterbrochen. Allerdings ging die*

---

[282] Main-Post 15.04.1947 (SED-Funktionäre Franz Dahlem und Erich Gniffke in Würzburg), Main-Post 18.07.1947 (Friedrich Ebert)
[283] Main-Post, 22.04.1947
[284] Main-Post, 05.08.1948

Rechnung nicht auf, denn Kamerad Försch ist nicht der Mann, der sich von einigen verhetzten Jugendlichen mundtot machen läßt."[285]

2. *„Treue zu seiner Idee"* – Erfolglose Kandidaturen

Für den 30. Mai 1948 waren in Würzburg Stadtratswahlen angesetzt. Vor dem skizzierten Hintergrund überrascht es nicht, dass die Würzburger SPD nunmehr eine Listenverbindung mit der KPD ablehnte. [286]

Konrad Försch kandidierte für den Stadtrat. Dem Protokoll der Aufstellungsversammlung ist zu entnehmen, dass 162 von 186 anwesenden Parteimitglieder für seine Kandidatur votierten. Als Beruf gab Konrad Försch seinen erlernten Beruf Bäcker an.[287]

Das Wahlergebnis war für die KPD sehr positiv. 8,7 % der Wähler votierten für die KPD, bei der Stadtratswahl 1946 waren es 7,8 % gewesen. Konrad Försch scheiterte knapp: Er erreichte Platz vier, während drei Kommunisten, die bisherigen Stadträte Dr. Kurt Kellner, Heinrich Müller und Friedrich Hirth, in den Stadtrat einzogen.[288]

Die Wahl zum ersten Deutschen Bundestag am 14. August 1949 sah die KPD in Frontstellung zu sämtlichen Mitbewerbern. Dass Konrad Försch nicht in Würzburg, sondern

---

[285] Nordbayerische Volkszeitung, 25.04.1950
[286] Main-Post, 23.04.1948
[287] Niederschrift der Aufstellungsversammlung, 10.03.1948; Wahlvorschlag KPD, StadtAW, *„Gemeindewahl 1948 u 1952"*, EAPL I, HG 0, AZ 024/2
[288] Die weiteren Wahlergebnisse: CSU 35,6 % (16 Sitze), SPD 22,4 % (10), Parteilose Wählergruppe Pinkenburg 14,5 % (6), FDP 10,2 % (4), Bayernpartei 8,7 % (3), Amtsblatt der Stadt Würzburg 13/48, 10.06.1948

im Wahlkreis Bad Kissingen aufgestellt wurde[289], mochte zwei Gründe haben: Seit der Kommunalwahl war die Partei in Unterfranken kaum noch in Gemeinderäten oder Kreistagen vertreten, während sie in Würzburg eine Hochburg hatte. Und war nicht Försch, der unzählige Male in ganz Unterfranken für die KPD geworben hatte, ein geeigneter Kandidat?

Die Wahlen brachten eine herbe Enttäuschung für die bayerischen Kommunisten: Erstmals blieben sie in Bayern unter der 5-%-Hürde und konnten somit keine Abgeordneten in den Bundestag entsenden. Eindeutig war die Niederlage im Wahlkreis Bad Kissingen, zu dem neben der Kurstadt die Landkreise Ebern, Haßfurt, Hofheim, Königshofen und Mellrichstadt gehörten:[290] Für Konrad Försch stimmten nur 1693 Wähler (1,6 %).[291] Immerhin meldete die KPD in zwei Kreisen, in denen Försch angetreten war, Ebern und Königshofen, Stimmengewinne.[292]

Bei der Landtagswahl am 26. November 1950 trat Försch ebenfalls an und zwar im Stimmkreis Kitzingen (Stadt und Land) und Ochsenfurt. Kitzingen war u. a. Schauplatz eines skandalumwitterten Auftretens von Konrad Försch im Oktober 1947 gewesen. *„Was geht in Kitzingen und im Landkreis vor?"* hatten Försch und andere Kommunisten gefragt und scharfe Vorwürfe in Sachen Korruption und NS-Belastung führender Kommunalpolitiker erhoben. Stadtrat und Kreistag Kitzingen sahen sich genötigt, die Vorwürfe in eigens dazu einberufenen Sondersitzungen zu widerlegen.[293]

---

[289] Main-Post 30.07.1949
[290] Main-Post 12.07.1949
[291] Die weiteren Wahlergebnisse: CSU 42,4 %, Bayernpartei 21,7 %, SPD 16,9 %, WAV 9,8 %, FDP 7,6%. Main-Post 15.08.1949
[292] Nordbayerische Volkszeitung, vierte Wochenausgabe August 1949
[293] Main-Post 07.10.1947, 14.10.1947, 25.10.1947

Im Deutschen Historischen Museum hat sich ein Wahlplakat zur Landtagswahl 1950 erhalten. Neben den KPD-Forderungen nach Abzug aller Besatzungstruppen und deutscher Einheit steht u. a. Konrad Förschs Eintreten *„für den innerdeutschen Handel u. den freien Warenverkehr mit den fortschrittlichen Ländern des Ostens und somit für weite Kreise der Geschäftsleute".*[294] Die KPD-eigene „Nordbayerische Volkszeitung" würdigte den Kandidaten als *„weit über die Grenzen Würzburg bekannte[n] politische[n] Kämpfer. [...] Treue zu seiner Idee, unbedingte Kameradschaft und stete Hilfsbereitschaft zeichnen diesen Mann aus."*[295]

Der Niedergang war jedoch nicht aufzuhalten: Nur noch 1,9 % der bayerischen Wähler wählten kommunistisch. Försch erreichte in den Landkreisen Kitzingen und Ochsenfurt 0,9 % bzw. 1,1 %, in der Stadt Kitzingen immerhin 2,2 %.[296]

Die nächste Wahl, bei der Konrad Försch antrat, die Stadtratswahl vom 30.03.1952, stand bereits unter dem Vorzeichen des Verbots der KPD wegen „Verfassungsfeindlichkeit", das die von Konrad Adenauer geführte Bundesregierung im November 1951 beim Bundesverfassungsgericht beantragt hatte. Auf die schwierige Situation der Partei mag hindeuten, dass sich diesmal nur 28 Personen an der Aufstellung der Liste beteiligten, auf deren 9. Listenplatz Konrad Försch antrat. Die Berufsbezeichnung „Bäcker" wurde nachträglich in „Fuhrunternehmer" geändert.[297]

---

[294] www.dhm.de/datenbank/dhm.php?seite=5lfld_0=D2Z28819
[295] Nordbayerische Volkszeitung 04.11.1950
[296] Main-Post 28.11.1950
[297] Niederschrift über die Aufstellungsversammlung vom 02.03.1952, Wahlvorschlag KPD, StadtAW, EAPL I, HG 0, AZ 024/2, „Gemeindewahl 1948 u 1952"

Försch verbesserte sich mit 1756 persönlichen Stimmen auf Platz sieben, die KPD verlor zwei ihrer drei Mandate und zog nur noch mit ihrem Vorsitzenden und Spitzenkandidaten Dr. Kurt Kellner in den Stadtrat ein. 3,9 % der Wähler hatten ihr die Treue gehalten.[298]

Ein letztes Mal kandidierte Konrad Försch bei der Stadtratswahl im März 1956. Mit 2265 persönlichen Stimmen erreichte er Platz vier. Die kurz vor dem Verbot stehende Partei konnte ihr vom Vorsitzenden Dr. Kellner gehaltenes Mandat mit 2,6 % halten.[299]

3. *„Ich bitte das Amt, doch endlich meine Rente zu erledigen ..."* - **Altersarmut und Kampf um Entschädigung**

Es ist bereits erwähnt worden, dass sich Konrad Försch und seine Familie wiederholt in schwierigen wirtschaftlichen Verhältnissen befanden. Dies hängt auch damit zusammen, dass sich die Verhandlungen mit dem Landesentschädigungsamt wegen einer Haftentschädigung sowie einer Verfolgtenrente jahrelang hinzogen. Der Kommunist Konrad Försch, der sah, wie fürsorglich die DDR mit den ehemaligen politisch Verfolgten umging, blieb trotzdem gegenüber

---

[298] Die weiteren Wahlergebnisse: CSU 37,5 % (18 Sitze), SPD 22,6 % (10), Freie Wählergemeinschaft 8,4 % (4), Bund der Heimatvertriebenen und Entrechteten (BHE) 7,8 % (3), FDP 6,1 % (2), „Flieger- und Kriegsgeschädigte" 5,9 % (2), Parteilose Wählergruppe Pinkenburg 4,0% (1), Bayernpartei 3,8 % (1). Amtsblatt der Stadt Würzburg 6/52, 09.04.1952, StadtAW
[299] Die weiteren Ergebnisse: CSU40,0 % (18 Sitze), SPD 23,9 % (10), Freie Wählergemeinschaft 12,3 % (5), BHE 6,9 % (3), FDP 4,9 % (2), Flieger- und Kriegsgeschädigte 4,1 % (2), „Würzburger Ausgebombte und Evakuierte" 2,6 % (1), Bayernpartei 1,9 % (-), Deutsche Reichspartei 1,0 % (-), Amtsblatt der Stadt Würzburg 6/56, 26.03.1956, StadtAW

den bundesdeutschen Behörden geduldig, wahrte immer die Formen der Höflichkeit, trotz wachsender Verzweiflung.

Neben dem erwähnten Vorschuss für die Selbständigkeit sah sich Försch wiederholt genötigt, um Vorschüsse nachzusuchen, so 1950 für Hilfe zum Lebensunterhalt, für Wäsche und Kleidung, sowie für die Fahrtkosten zum Antritt einer Kur in Elmau.[300] Einen weiteren Kuraufenthalt in Kainzenbad hatte Konrad Försch trotz Zuschuss nicht angetreten, so fanden die Beamten beim Landesentschädigungsamt durch Nachforschungen heraus. Der rastlos tätige Försch hatte sich offenbar 1947 – dem Jahr der Firmengründung – keine sechs Wochen Kur gegönnt.[301]

Nicht nur die Verwendung von Vorschüssen wurde von den Beamten genauestens überprüft, auch die Haftzeiten. Es wurde moniert, dass Försch die kurzzeitigen Haftunterbrechungen während der Buchenwald-Haft nicht angegeben habe. Für diese Monate unter Gestapo-Aufsicht erhielt er keine Haftentschädigung. Ebenso weigerte sich das Amt, Aussagen von Würzburger Gefängnisaufsehern zu Förschs Haftzeiten zu akzeptieren. Eidesstattliche Zeugenaussagen wurden gefordert und von ehemaligen Mitgefangenen auch geliefert. Schließlich erhielt Konrad Försch mit Bescheid vom 19. Mai 1952, sieben Jahre nach der Befreiung aus dem KZ, eine Entschädigung für 107 Haftmonate zugesprochen.[302]

---

[300] Konrad Försch an Landesentschädigungsamt, 02.05.1950, 09.05.1950, BayHStA, LEA 11627

[301] Aktenvermerk auf Zusammenstellung „Vorleistungen" des Landesentschädigungsamtes, 16.04.1952, BayHStA, LEA 11627

[302] Feststellungsbescheid Haftentschädigung Konrad Försch, 19.05.1952, BayHStA, LEA 11627. Der Schriftwechsel zur Haftentschädigung in diesem Akt, passim

Das Geld, mit den verschiedenen Vorschüssen verrechnet, reichte nicht, die Existenz von Konrad Försch als Fuhrunternehmer zu sichern. 1954 stellte er resigniert fest: *„Durch die jahrelange KZ.-Haft habe ich meine Gesundheit und meine Lebensexistenz eingebüßt und stehe nun in meinem Alter von 61 Jahren wiederum vor einem neuen Zusammenbruch, falls mir nicht geholfen wird."*[303]

Doch über die Verfolgtenrente war immer noch nicht entschieden worden, was für Konrad Försch hieß, dass er trotz seiner Verdienste um den Wiederaufbau in Armut leben musste: *„Seit Juli 1954 bin ich daher ohne Einkommen und gezwungen, von einer Grundrente in Höhe von DM 25,- und einer Unfallrente von DM 37,10 im Monat zu leben. Sie werden selber zugeben müssen, daß das ein für mich unwürdiger Zustand ist, nachdem ich durch die jahrelange K.Z.-Haft meine Gesundheit eingebüßt habe."*[304] Doch der Rentenbescheid erfolgte erst am 26. Juni 1956, rückwirkend ab 01.01.1953, erst nachdem Försch nochmals fast flehentlich geschrieben hatte: *„Ich bitte das Amt, doch endlich meine Rente zu erledigen, da ich [...] mich in großer Notlage befinde."*[305]

---

[303] Konrad Försch an Landesentschädigungsamt, 25.02.1954, BayHStA, LEA 11627
[304] Konrad Försch an Landesentschädigungsamt, 23.10.1954, BayHStA, LEA 11627
[305] Konrad Försch an Landesentschädigungsamt, 29.09.1955, BayHStA, LEA 11627

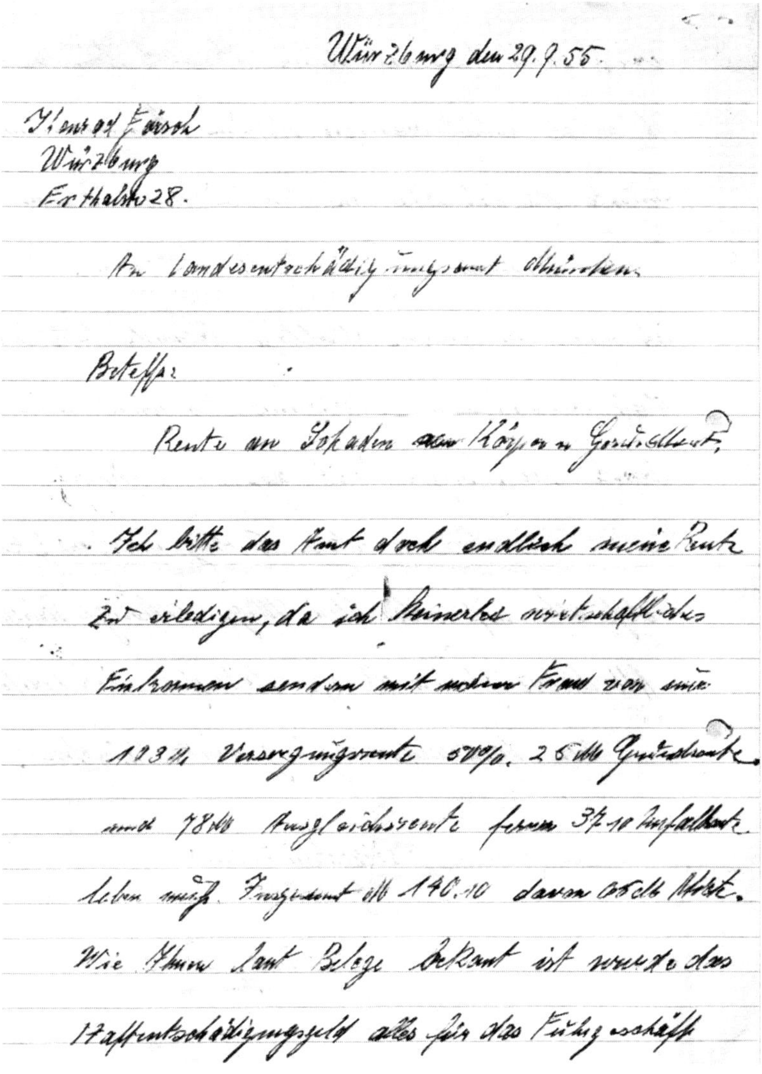

Würzburg den 29.9.55

Heinrich Försch
Würzburg
Erthalstr 28.

An Landesentschädigungsamt München

Betreff:

Rente an Schaden an Körper u. Gesundheit.

Ich bitte das Amt doch endlich meine Rente
zu erledigen, da ich keinerles wirtschaftliches
Einkommen sonsten mit meiner Frau von mir
1934 Versorgungsrente 50%. 25 M Grundrente
und 78 M Ausgleichsrente ferner 3/4 10 Unfallrente
leben muß. Insgesamt M 140.10 davon so als Mist.
Wie Ihnen laut Belege bekant ist wurde das
Haftentschädigungsgeld alles für das Fuhrgeschäft

Abb. 10 – Förschs Brief an das Landesentschädigungsamt Seite 1

verbraucht. Da ich immer krank bin konnte

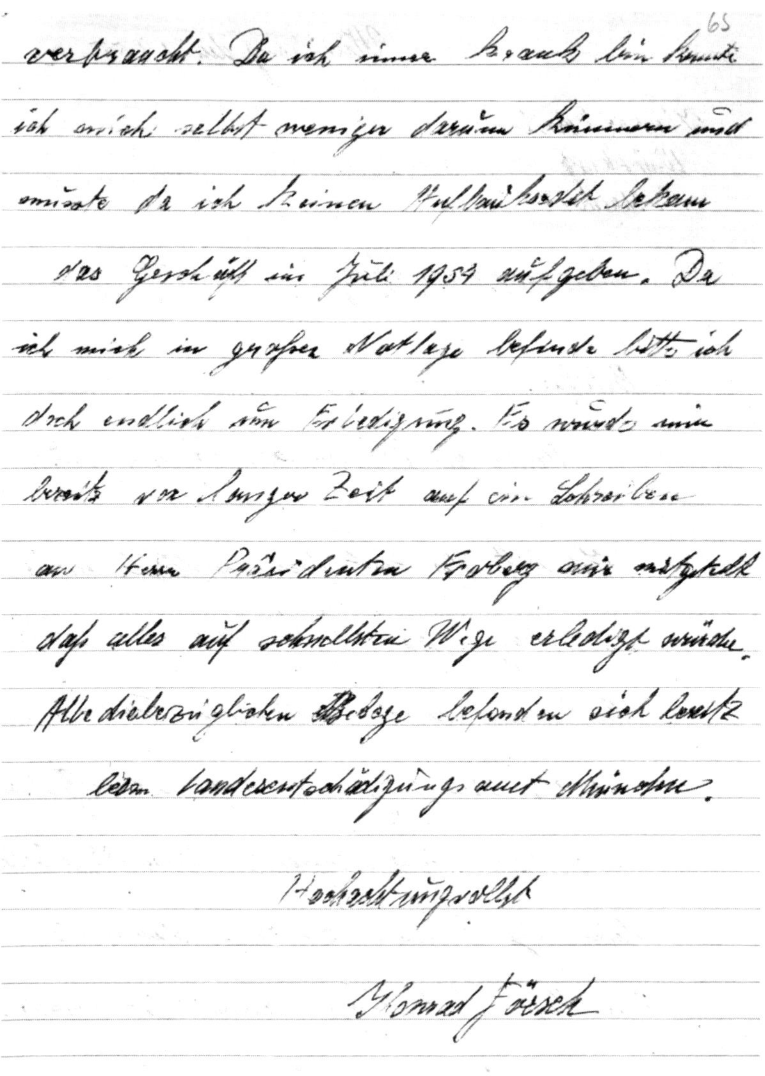

ich mich selbst wenig darum kümmern und

musste da ich keinen Vertrauensarzt bekam

das Geschäft im Juli 1954 aufgeben. Da

ich mich in großer Notlage befinde bitte ich

doch endlich um Erledigung. Es wurde mir

bereits vor langer Zeit auf ein Schreiben

an Herrn Präsidenten Groben mir mitgeteilt

daß alles auf schnellstem Wege erledigt würde.

Alle diesbezüglichen Bezüge befanden sich heute

beim Landesentschädigungsamt München.

Hochachtungsvoll

Konrad Försch

Abb. 11 – Förschs Brief an das Landesentschädigungsamt Seite 2

Am 22. November 1956 starb Maria Försch im Alter von 64 Jahren. Sie hatte mit Konrad über 30 Ehejahre durchlebt, mit ihm schwierigste Zeiten durchlitten und an seiner Seite als Kommunistin gekämpft.[306]

4. Ost-westdeutsche Reisen und Epilog beim Bund der Deutschen – Die letzten Lebensjahre

Über Konrad Förschs letzte Lebensjahre schweigen die schriftlichen Quellen völlig. Die KPD war verboten und somit auch ihre Presse, aus der wir einiges über Konrad Förschs Tätigkeit erfuhren. Die Recherchen ergaben, dass sich auch in den ostdeutschen Archiven, die Akten der SED verwahren, wie auch der Bundesbehörde für die Stasi-Unterlagen keine Hinweise auf Försch finden. Dies ist mysteriös, denn nach Berichten der Familie unternahm er zahlreiche Reisen in die DDR. Es ist fraglich, ob diese rein privater Natur waren, denn auch wenn er in Ostdeutschland als Genosse und politisch Verfolgter gastfreundlich aufgenommen wurde, so fehlte doch das Geld zur Bestreitung der Fahrtkosten. Wenn wir in Rechnung stellen, dass die westdeutschen Kommunisten ihre Partei nach dem Verbot 1956 illegal weiterführten, könnten Förschs Reisen in die DDR politischen Zwecken, z. B. der Überbringung von Informationen gedient haben.

Leider gibt es auch keinerlei Informationen über eine Reise nach Moskau, die Konrad Försch wohl im Rahmen einer Delegation unternommen hat, was als besondere Ehrung des Kommunisten und Antifaschten zu werten ist.

---

[306] Aufstellung über Bestattungen, freundlich überlassen von Hermann Försch

Auf einer seiner Reisen in die DDR lernte Konrad Försch Adele Käthe Singer, geb. Divis kennen, die er am 11. Januar 1958 in Leipzig ehelichte. Die gebürtige Leipzigerin Adele war am 4. Dezember 1905 geboren, also beträchtlich jünger als ihr neuer Ehemann, dem sie nach Würzburg folgte.[307]

1960 taucht der Name Försch in Würzburg zum letzten Mal in politischem Zusammenhang auf, jedoch nicht Konrad, sondern Adele. Sie kandidierte auf Platz 5 der Stadtratsliste der Partei „Bund der Deutschen" (BdD).[308] Der BdD war eine neutralistische Partei, die von Joseph Wirth, einem ehemaligen Reichskanzler der Weimar Zeit (Zentrum) gegründet worden war. Sie forderte, Verhandlungen zur Herstellung der deutschen Einheit aufzunehmen und zwar unter Einbeziehung der DDR-Regierung. Der BdD arbeitete mit west- und ostdeutschen Kommunisten zusammen, der Vorsitzende Wirth hielt sogar eine Rede in der Volkskammer der DDR. Entsprechend wurde der BdD als prokommunistisch verschrien und hatte bei der Bundestagswahl 1957 nur 0,2 % erreicht[309]

Die Kandidatur von Adele Försch war also vor allem eine Demonstration für die deutsche Einheit und die Anerkennung der DDR. Diese Position unterstützten 0,3 % der Würzburger Wähler.[310]

---

[307] Heiratsurkunde Konrad und Adele Försch, 11.01.1958, Stadtarchiv Leipzig

[308] Stimmzettelmuster, Kommunalwahl I 1870 – 1984, Mappe Stadtratswahl 1960, StadtAW, ZGS

[309] [Richard Stöß]: Der Bund der Deutschen (BdD), in: Parteien-Handbuch – Die Parteien der Bundesrepublik Deutschland 1945-1980, Westdeutscher Verlag, Opladen, 1983, S. 856 ff.

[310] Der BdD hatte sechs Kandidaten aufgestellt, konnte also nur 18 von 42 möglichen Stimmen erhalten. Die weiteren Ergebnisse: CSU 40,5 % (18 Sitze), SPD 29,4 % (13), Freie Wählergemeinschaft 13,5 % (6), BHE 7,8 % (3), FDP 3,6 % (1), Flieger- und Kriegsgeschädigte 2,4 % (1), Ausgebombte und Evakuierte 2,2 % (-), DRP 1,0 % (-) Stadt Würzburg, Amtsblatt Nr. 6a/1960, StadtAW

5. Tod

Konrad Försch hatte als Folge der Entbehrungen im Konzentrationslager auch einen Herzmuskelschaden davongetragen.[311] Dies wurde ihm letztendlich zum Verhängnis, als er sich am 18. Juli 1964 zu einer Operation der Prostata in das Missionsärztliche Krankenhaus in Würzburg begab. Konrad Försch verstarb in diesem Krankenhaus am 21. Juli 1964, zehn Minuten vor Mitternacht an Kreislaufversagen in Folge der Operation.[312] Er war 71 Jahre alt geworden.

Auch wegen des Todes des NS-Verfolgten Konrad Försch gab es noch Streit mit den westdeutschen Behörden: Nachdem die missionsärztliche Klinik einen Zusammenhang seines Todes mit den Verfolgungsleiden festgestellt hatte beantragte Adele Försch eine Verfolgten-Witwenrente beim Landesentschädigungsamt.[313] Das Amt ließ ein Gegengutachten erstellen, das jeden Zusammenhang von Todesursache und Verfolgung bestritt, und lehnte den Rentenantrag von Adele Försch kurzerhand ab.[314]

---

[311] Medizinische Poliklinik der Universität Würzburg, Dr. W. Börner: Fachärztliches Gutachten über Konrad Försch, 20.01.1956, BayHStA LEA 11627

[312] Missionsärztliche Klinik, Oberarzt Dr. Dornbusch an Landesentschädigungsamt, 31.08.1964, Sterbeurkunde Konrad Försch

[313] Adele Försch an Landesentschädigungsamt, Eingang 04.09.1964 BayHStA LEA 11627

[314] Fachärztliche Stellungnahme Dr. Richard Ecknigk, 27.10.1964, Landesentschädigungsamt, Rentenbescheid Adele Försch, 11.11.1964, BayHStA LEA 11627

*Abbildung 12 – Bayerischer Löwe für Konrad Försch
für die Verdienste bei der Entnazifizierung*

Kleine Genealogie

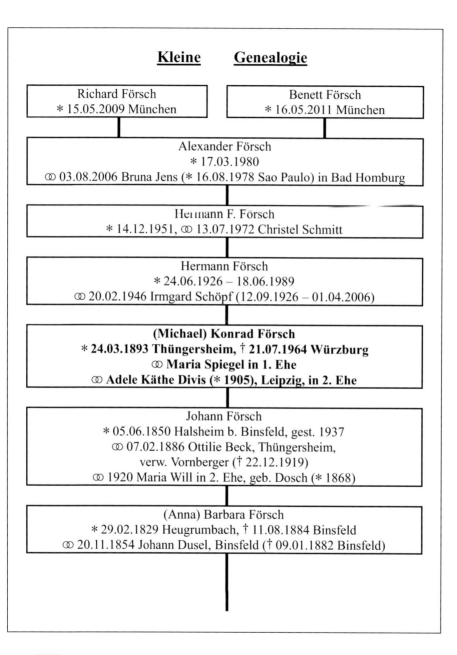

Richard Försch
* 15.05.2009 München

Benett Försch
* 16.05.2011 München

Alexander Försch
* 17.03.1980
∞ 03.08.2006 Bruna Jens (* 16.08.1978 Sao Paulo) in Bad Homburg

Hermann F. Försch
* 14.12.1951, ∞ 13.07.1972 Christel Schmitt

Hermann Försch
* 24.06.1926 – 18.06.1989
∞ 20.02.1946 Irmgard Schöpf (12.09.1926 – 01.04.2006)

(Michael) Konrad Försch
* 24.03.1893 Thüngersheim, † 21.07.1964 Würzburg
∞ Maria Spiegel in 1. Ehe
∞ Adele Käthe Divis (* 1905), Leipzig, in 2. Ehe

Johann Försch
* 05.06.1850 Halsheim b. Binsfeld, gest. 1937
∞ 07.02.1886 Ottilie Beck, Thüngersheim,
verw. Vornberger († 22.12.1919)
∞ 1920 Maria Will in 2. Ehe, geb. Dosch (* 1868)

(Anna) Barbara Försch
* 29.02.1829 Heugrumbach, † 11.08.1884 Binsfeld
∞ 20.11.1854 Johann Dusel, Binsfeld († 09.01.1882 Binsfeld)

Johann Adam Försch
Müller in Heugrumbach auf der oberen Seemühle
∗ 18.02.1781 Büchold (Vogelsmühle), † 16.12.1843 Heugrumbach
∞ Kunigunde Atthiß [?] von Münster († 21.12.1821 Heugrumbach)

Johann Michael Försch
Müller auf der Vogelsmühle bei Büchold
∗ 03.08.1752 Gräfendorf
∞ 18.07.1775 1. Ehe Eva Schubert, Mittelsinn († 28.03.1807 Büchold)
∞ 2. Ehe 02.05.1808 Eva Magdalena Orth

Adam Försch
Müller auf der Vogelsmühle bei Büchold
∗ 25.12.1728 Gräfendorf, † 09.05.1809 Büchold
∞ 23.11.1751 Dorothea Fröb (Gräfendorf, gest. 02.10.1810 Büchold)

Johann Jakob Försch
∗ 25.(?)10.1653 Gräfendorf, † vor 03.09.1694 (?)
∞ 26.11.1685 Margaretha Heusler
(Witwe, † 03.09.1694 (?) Wolfsmünster)

Melchior Försch
Bäcker
† 19.12.1661 Gräfendorf
∞ 21.01.1653 Anna Bock (∞ 2. Ehe 05.11.1669 Michael Marx
Prozelten)

Eucharius Försch
† 28.10.1669 Gräfendorf

Inhaltsverzeichnis

Quellen und Literatur

Benützte Archive:
Archiv der Gedenkstätte Buchenwald
Bayerisches Hauptstaatsarchiv, München (BayHStA)
Bundesarchiv, Berlin (BArch)
Institut für Stadtgeschichte Frankfurt am Main
Internationaler Suchdienst / International Tracing Service (ITS),
Bad Arolsen
Römisch-katholisches Pfarramt St. Michael, Thüngersheim
Staatsarchiv Amberg (StAAm)
Staatsarchiv Hamburg
Stadtarchiv Leipzig
Staatsarchiv München (StAM)
Stadtarchiv Würzburg (StadtAW)

Periodika:
Bayerisches Volks-Echo
Bayerische Volksstimme
Das neue Volk
Die neue Zeitung – eine amerikanische Zeitung für die deutsche
Bevölkerung
Fränkischer Volksfreund
Fränkisches Volk
Main-Post
Marktheidenfelder Mitteilungsblatt für den Markt Marktheiden-
feld und den Landkreis
Neue Zeitung – Organ der KPD, Bezirk Nordbayern
Nordbayerische Volkszeitung – Organ der KPD, Bezirk
Nordbayern

Adressbücher:
Würzburger Wohnungsbuch, Universitätsdruckerei H. Stürtz,
Würzburg, 1920-1943
Würzburger Adressbuch 1947, Verlag Ferdinand Schöningh,
Würzburg, 1947

Würzburger Adressbuch, Universitätsdruckerei H. Stürtz, Würzburg, 1949-1964

Literatur:

Ossip K. Flechtheim: Die KPD in der Weimarer Republik, Europäische Verlagsanstalt, Frankfurt/Main, [2]1976

David A. Hackett (Hrsg.): Der Buchenwald-Report – Bericht über das Konzentrationslager Buchenwald bei Weimar, Verlag C. H. Beck, München, [2]1997

Internationales Buchenwald-Komitee, Komitee der Antifaschistischen Widerstandskämpfer der DDR (Hrsg.): Buchenwald – Mahnung und Verpflichtung, Kongress-Verlag, Berlin (Ost), 1960

Bettina Köttnitz-Porsch: Novemberrevolution und Räteherrschaft in 1918/1919 in Würzburg, Freunde mainfränkischer Kunst und Geschichte e.V., Historischer Verein Schweinfurt e.V., Würzburg 1985 (Mainfränkische Studien 35)

Hans Werner Loew, Klaus Schönhoven (Hrsg.:) Würzburger Sozialdemokraten 1868-1978, Würzburg, 1978

Helmut Mehringer: Die KPD in Bayern 1919-1945 – Vorgeschichte, Verfolgung und Widerstand, in: Martin Broszat, Helmut Mehringer (Hrsg.): Bayern in der NS-Zeit V – Die Parteien KPD, SPD, BVP in Verfolgung und Widerstand, Oldenbourg, München, Wien, 1983

Dr. Robert Meier: Zwischen Zerstörung und Wiederaufbau – Eindrücke aus Würzburg 1945, Stadtarchiv Würzburg, 2005 (Kleine Reihe Nr. 28)

Lutz Niethammer: Die Mitläuferfabrik – Die Entnazifizierung am Beispiel Bayerns, Verlag J. H. W. Dietz Nachf., Berlin, Bonn, 1982

Hans Oppelt: Würzburger Chronik des denkwürdigen Jahres 1945, Ferdinand Schönigh, Würzburg, 1975

Christiane Reuter: „Graue Eminenz der bayerischen Politik" – Eine politische Biographie Anton Pfeiffers (1888-1957), Stadtarchiv München, 1987 (Miscellanea Bavarica Monacensia 117)

Dieter W. Rockenmaier: Das Dritte Reich und Würzburg – Versuch einer Bestandsaufnahme, Mainpresse Richter, Würzburg, 1983

Klaus Schönhoven: Zwischen Anpassung und Ausschaltung – Die bayerische Volkspartei in der Endphase der Weimarer Republik 1932/33, in: Historische Zeitschrift 224 (1977), S. 341-378

Herbert Schott: Die Amerikaner als Besatzungsmacht in Würzburg (1945-1949), Freunde mainfränkischer Kunst und Geschichte e.V., Hist. Verein Schweinfurt e.V., 1985 (Mainfränkische Studien 33)

SPD, OV Versbach: 100 Jahre SPD Versbach 1890-1990, Würzburg-Versbach, 1990

[Richard Stöß]: Der Bund der Deutschen (BdD), in: Parteien-Handbuch – Die Parteien der Bundesrepublik Deutschland 1945-1980, Westdeutscher Verlag, Opladen, 1983, S. 856 ff.

Peter Weidisch: Die Machtergreifung in Würzburg 1933, Ferdinand Schönigh, Würzburg, 1990

Hans Woller: Die Wirtschaftliche Aufbau-Vereinigung, in: Parteien-Handbuch – Die Parteien der Bundesrepublik Deutschland 1945-1980, Westdeutscher Verlag, Opladen, 1983, S. 2458-2481

Rüdiger Zimmermann: Der Leninbund – Linke Kommunisten in der Weimarer Republik, Droste Verlag, Düsseldorf, 1978